La Catrina
El Último Secreto

La novela

David Curland

University of Oregon
Eugene, Oregon

Prentice
Hall

Glenview, Illinois • Needham, Massachusetts
Upper Saddle River, New Jersey

http://www.phschool.com

The author would like to express appreciation to his colleague Professor Juan Armando Epple for his editorial suggestions.

Illustrations by Stephen Snider.

ISBN: 0-673-21846-5

For information regarding permission, write to:
Prentice Hall
Upper Saddle River, New Jersey 07458

4 5 6 7 8 9 10 ML 05 04 03 02

Índice

A los lectores

◘ ◘ ◘

La historia que comienza aquí relata lo que pasa en la vida de Jamie González, la joven que, al graduarse de Northgate High en Los Ángeles, recibió una beca para estudiar español en México durante el verano. Escogió Querétaro porque era allí de donde venía la familia de su padre. Además, Jamie iba para aclarar un misterio: ¿qué había pasado con su bisabuela, doña Josefa de González? Doña Josefa—a quien familiarmente llamaban La Catrina—dejó un testamento según el cual todas sus propiedades pertenecerían al primer miembro de su familia que se presentara en Querétaro después de la Revolución Mexicana.

Lo único que quisiera notar aquí tiene que ver con el Diario de La Catrina, es decir, de doña Josefa, que mi amigo Demetrio Alcocer, bibliotecario de Querétaro, encontró un día en la Biblioteca Central. El señor Alcocer me ha permitido incluir algunas partes del Diario. Creo que éste puede ser muy interesante por lo que revela de esa época, es decir, de principios de siglo, un poco antes de la Revolución de 1910. También revela aspectos de la vida de esa mujer liberal y, en particular, de sus relaciones con la familia Aguilar.

David Curland

Del diario de doña Josefa de González, La Catrina

2 de enero de 1900
Querido Diario:
    Empieza el nuevo siglo y tengo que recordar que las fechas comienzan con mil novecientos y no mil ochocientos. ¡Qué extraño ver los dos ceros—1900! Pero también da esperanza, como una pizarra milagrosamente limpia del pasado. ¡Ojalá que los próximos cien años sean mejores que los que acaban de terminar—un siglo con una revolución contra los españoles, después una guerra contra los norteamericanos y otra contra los franceses, y no nos podemos olvidar de la guerra civil de la Reforma!
    Quizás es por todo esto que hoy, por primera vez, quiero escribir lo que está pasando en mi vida y en la de mi gran país. Pero, mi querido Diario, lo que voy a escribir aquí, entre tú y yo, será lo que verdaderamente siento, "la mera verdad," como dicen aquí.
Josefa

CAPÍTULO 1
El misterio comienza

Mi querido Carlos:

Han pasado ya varios meses desde que te escribí. No me has contestado ni una palabra. No quiero oír más las críticas de mi madre y de mis amigas. Pero no sé qué pensar. ¿Qué puede ser sino tu indiferencia? O aun peor, ¿quizás estás saliendo con otra chica y te has olvidado de mí?

No puedo olvidar tus últimas palabras en Querétaro, tu promesa de visitarme aquí, en Los Ángeles. ¿Recuerdas cuando le dijiste a Felipe que después del verano nosotros tan sólo íbamos a regresar a los Estados Unidos y aquí haríamos un reporte sobre nuestras vacaciones en México? ¿Y tú, Carlos, ha sido todo para ti una simple diversión de verano? ¿Cómo puedo pensar otra cosa?

Ha pasado casi un año desde esa última vez en Querétaro. El tiempo pasa. Aunque me duele más de lo

que te podrías imaginar, no puedo continuar así, saliendo sólo con unas pocas amigas. Llámame, escríbeme. Necesito una explicación, Carlos.
Un beso,
Jamie

Cuando Jamie volvió de México el verano pasado, no podía imaginarse lo difícil que iba a ser estar lejos de Carlos Navarro, su amigo mexicano que había conocido en Querétaro. Él le había prometido visitarla en Los Ángeles dentro de poco tiempo, pero los días pasaron, y el "poco tiempo" se convirtió en meses. Al principio los dos se habían escrito cartas y se llamaron de vez en cuando, pero todo eso había terminado. En los últimos meses casi no llegó una palabra de su querido amigo.

—La razón es obvia —dijo la madre de Jamie—, él está allí y tú, aquí.

¿Por qué no entienden los padres que a veces lo que más ayuda no es la verdad sino una mentira?

La verdad es que su madre tenía razón. Pero aunque Jamie seguía pensando en Carlos, también se divertía: iba a fiestas y salía con sus amigos y amigas. Algunas veces veía a Felipe, su compañero de secundaria con el que había viajado a Querétaro el verano pasado, y hablaban de sus aventuras en México. Jamie asistía ahora a UCLA, donde las clases le encantaron y en las que tuvo éxito.

El español y sus diversas culturas siempre le habían fascinado. Y estudiando, hablando con su amiga, Rosie Lawrence, y mirando alguna película de vez en cuando, el tiempo pasó tranquilamente.

Jamie y Rosie planearon encontrarse en la calle Olvera, para la tradicional celebración del Cinco de Mayo. Jamie la buscó en el mismo lugar donde siempre se reunían, pero su amiga no apareció. Obviamente sola, varios jóvenes trataron, con un pretexto u otro, de iniciar una conversación con ella. Finalmente uno que era bastante guapo y más o menos civilizado le preguntó:

—¿Estás aquí con alguien?

—Sí, estoy buscando a una amiga —contestó Jamie.

—¡Qué lástima! —respondió el muchacho, y se marchó.

Jamie no había visto nunca a tanta gente. El Cinco de Mayo parecía atraer a millones de habitantes de Los Ángeles. Era una auténtica fiesta mexicana. La alegría de los bailes le encantó pero al final, viendo que Rosie no llegaba, decidió regresar a casa. Estaba un poco disgustada con ella.

Dos días después Jamie fue a casa de Rosie. Ésta era una muchacha muy despierta y siempre estaba sonriendo. Como Jamie, su amiga pelirroja no era muy alta, aunque no era tan delgada como ella. Le explicó a Jamie que su amigo Erik y ella habían tenido una discusión.

El misterio comienza

—Lo siento. Llegué con una hora de retraso. Ay, ya sabes, sucedió algo inesperado con Erik —explicó ella.

Y Jamie no preguntó más. Aunque su amiga no lo dijo, Jamie entendió que Erik no quería que ella fuera a la fiesta sin él, y él no podía ir. Pero Rosie no era una de esas personas que se dejan intimidar.

Silvestre Aguilar no era un hombre acostumbrado a ser vencido. Cuando el verano pasado tuvo que devolver las propiedades de La Catrina en un juicio que perdió contra Jamie González, no tardó mucho en recuperarse. Continuó su campaña electoral para diputado de Querétaro y, en contra de lo que algunos habían creído, triunfó fácilmente.

—Ya verán lo que es jugar con Silvestre Aguilar —decía a su gente.

Y ellos sabían que había que responderle con un "sí, don Silvestre."

Sabía compensar siempre a los amigos que le habían sido fieles, pero también sabía castigar a los que él consideraba enemigos o traidores. Y estos pobres no podían escapar, aunque sin saber de quién era la mano que movía los hilos. Aguilar tenía su lista de venganza, y cada una de las personas en esa lista recibió la atención merecida. Pero Jamie González estaba fuera del país y no tendría ganas de volver a México.

En su oficina de Querétaro, un magnífico sol entraba por la ventana. Sentado ante su computadora, Aguilar preparaba los últimos detalles para un discurso que iba a dar en los próximos días.

Mientras tanto, las cosas para Carlos Navarro iban cada vez peor. El negocio familiar, el restaurante Arcángel, iba mal, especialmente por la repentina e inexplicable falta de clientes. El joven tuvo que ayudar a sus padres. Dejó algunas clases en la Universidad y abandonó su trabajo como voluntario en la organización ecológica Operación Aztlán. ¿Estaría Silvestre Aguilar detrás de todo esto? De hecho, se sorprendió un día cuando Paco Aguilar se le acercó.

—Carlos, ¿cómo estás? ¿Qué tal Jamie? —le preguntó Paco.

—"¿Qué tal Jamie?" ¿Cómo te atreves a preguntar eso después de los problemas que tu padre ha causado a nuestras familias? —respondió Carlos indignado y continuó: —Estamos muy bien, Paco. Gracias.

Carlos se sintió muy molesto pero también perplejo. ¿Cómo se atrevía el hijo de Aguilar a saludarle como si nada hubiera pasado entre ellos?

Paco, por su parte, se sintió frustrado. Sabía que Carlos pensaba que él era cómplice de su padre. ¿Qué podía hacer para que Carlos no pensara así?

Había pasado una semana después de que Jamie le mandara la carta a Carlos cuando llegó un paquete.

Al volver a casa, su madre le dijo que había llegado un paquete de México. Jamie lo abrió inmediatamente y estudió la figura que había adentro. Era un pequeño objeto de arte, un coyote, más bien una vasija con coyote color de tierra, misteriosa. Aunque no tenía remitente ni traía una tarjeta, Jamie estaba segura de que era un regalo de Carlos. Como Rosie estudiaba arte en USC, decidió mostrarle la figura.

—Ayer me llegó esta figura de un coyote —dijo Jamie.

—¿De Carlos? —preguntó Rosie.

—Creo que sí. ¿Qué te parece?

—¡Fantástica! —dijo Rosie, y añadió: —Podría ser precolombina, aunque no estoy segura.

Decidieron ir a ver al profesor Rangel de USC, experto en arte precolombino, para ver si les podía aclarar algo sobre la misteriosa figura.

Pero la visita que arregló Rosie con su profesor de arte no aclaró mucho las cosas. Él no estaba seguro si la figura era copia o si era original, pero quedó muy impresionado.

—Si fuera una original, tendría un valor muy grande —dijo después de estudiar la figura.

"Ésta es la respuesta de Carlos a mi carta. Sólo él puede explicar su origen. Tendré que llamarlo," pensó Jamie.

Cuando Jamie volvía a su casa, tres policías la observaban desde un coche estacionado.

—¡Que no nos vea! —dijo uno.

Uno de ellos, el comandante Torreón, miraba unas fotos en un cuaderno con aspecto de archivo policial.

—Aquí está su foto. Sí, es ella.

"¿Qué querrán los de Querétaro con ella?" pensó otro.

Los tres policías la miraron en silencio mientras Jamie, sin darse cuenta de que la estaban observando, entraba a su casa.

El misterio comienza

CAPÍTULO 2
La venganza de don Silvestre

◙ ◙ ◙

Jamie decidió llamar al restaurante por la tarde, cuando suponía que Carlos estaría cenando allí, como era su costumbre. Miró la foto de Carlos y ella que tenía al lado de la cama; él alto y sonriente. Tomó el teléfono y marcó el número del restaurante en Querétaro. El señor Navarro contestó, pero le dijo que Carlos no estaba en ese momento.

—¿Quieres dejar un recado? —preguntó el señor Navarro.

—Pues, sí, déle las gracias del regalo que me mandó. La figurita de un coyotito.

—¿Carlos te mandó un coyote? No sé nada de eso —el señor Navarro estaba perplejo, no sabía de qué estaba hablando Jamie.

—Carlos no manda regalos últimamente —añadió.

Después de la llamada, Jamie quedó un poco confundida. Las palabras del señor Navarro la llenaron de dudas. Él había hablado también de "mala suerte," "cosas complicadas." Todo un misterio.

"Tiene que haber alguna explicación," pensó Jamie.

Aunque para los Navarro y otros de Querétaro, su situación había empeorado, para Silvestre Aguilar no podía ser mejor. Además de ser el nuevo diputado, también había sido nombrado, por su gran interés en el arte, miembro del Comité para la Protección del Patrimonio Cultural.

Era una mañana soleada y hacía calor. En la plaza, todo estaba ya preparado para el discurso que iba a dar sobre la importancia del Comité. Un funcionario de la ciudad presentó al diputado, y Aguilar empezó a hablar.

—¡Compañeros, amigos! Es nuestro deber defender nuestra tierra, nuestra cultura, nuestro patrimonio . . . ¡y enorgullecernos de la riqueza y del valor de México! Amigos míos, debemos dedicarnos a conservar la cultura de nuestro gran país para las futuras generaciones, desde el arte precolombino hasta las obras más recientes . . . y proteger a nuestro país de aquéllos que venden ilegalmente nuestro arte a otros países.

La gente aplaudió con entusiasmo y Aguilar sonrió con satisfacción.

Más tarde, Aguilar fue a la oficina con sus asistentes. El diputado confirmó con Miranda, quien había empezado a trabajar para don Silvestre hacía tan sólo unos meses, si había hecho lo de "la lista." Como ella bien sabía, él no quería ensuciarse con los detalles.

Miranda explicó que el juez que había dictado la sentencia a favor de Jamie González el verano pasado, había sido enviado ahora a un pueblecito en el desierto, donde ya no podía causar más problemas. Demetrio Alcocer, director de la Biblioteca Central de Querétaro, ahora era ex-bibliotecario y sin pensión. Y el Banco de Querétaro ya no podía seguir prestando dinero al restaurante Arcángel de la familia Navarro.

—Bien. Y el policía ese, Contreras, ¿qué tal? ¿Hablaron con él? —preguntó Aguilar.

—Todo ha sido arreglado, de acuerdo a sus órdenes, señor —le aseguraron sus asistentes.

—No quiero saber detalles. Para eso tengo empleados —dijo Aguilar con un tono irritado.

Como Carlos ya no podía seguir trabajando en Operación Aztlán, sus compañeros le organizaron una fiesta de despedida. Había estado muy contento entre sus amigos pero, al salir, se enfrentó con la realidad de su vida y no le gustó lo que vio. Estaba muy deprimido. Extrañaba mucho a Jamie y la felicidad que había conocido con ella.

En el restaurante le esperaba más trabajo. Ahora con tan sólo una cocinera, sus padres y él tenían que hacer casi todo.

Esa tarde su padre le dio una noticia sorprendente.

—Ah, Carlos, casi me olvidaba. Jamie te llamó —dijo—. Quería darte las gracias por un regalo . . . un coyote.

—¿Un coyote? No entiendo —exclamó Carlos.

—Eso le dije yo: que tú ahora no mandabas regalos a nadie.

Era verdad, pero Carlos no quería oírlo. Sabía que sus padres pensaban que había alguna conexión entre la visita de Jamie y la mala suerte del restaurante. La madre lo explicó francamente, sin pelos en la lengua.

—Estamos casi sin dinero. Y sabes muy bien por qué. Por tu amiga norteamericana del verano pasado —dijo la señora Navarro.

Carlos se enfadó, pero sin pruebas no podía quitarles esa idea de la cabeza. Él estaba totalmente seguro de que Aguilar estaba detrás de todas sus dificultades, pero ¿cómo averiguarlo? El joven decidió confrontar a Aguilar.

Cuando Carlos llegó a la oficina de don Silvestre, parecía no haber nadie y Carlos empezó a curiosear. En uno de los cajones, que estaba entreabierto, vio algo que le llamó la atención: una carpeta con el nombre de "Doña Josefa de González."

La estaba abriendo cuando oyó la voz de Aguilar. Carlos sólo vaciló un segundo. Llevándose la carpeta, salió por el balcón sin que nadie lo notara. Una vez afuera, examinó el contenido. Había un artículo de un antiguo periódico amarillento, del año 1910. Una foto, rodeada con un círculo, mostraba la cara de doña Josefa acompañada de sus compañeros. Los titulares decían: "Los Revolucionarios Resisten las Amenazas— Demandan Reforma Agraria." También había una nota pequeña escrita a mano: "Hicimos lo que nos pidió."

Carlos sabía que había encontrado algo que se había guardado en secreto durante muchos años. ¿Pero qué significaba? ¡Un antiguo artículo de periódico de hace casi cien años! Sin duda tenía alguna importancia. Carlos cerró la carpeta y volvió rápidamente al restaurante.

Del diario de doña Josefa de González

7 de mayo de 1909
Querido Diario:
Parece como si fuera ayer cuando Díaz dijo, en la entrevista con el periodista estadounidense Creelman, que ésta sería su última vez como presidente. ¡Quién se iba a imaginar que esto causaría tantas rivalidades entre su gente! ¡Qué tontos son! Los militares de un lado con el general Reyes y los Científicos por otro, encabezados por Limantour. Pero parece que ninguno quiere cambiar realmente nada. Ya veremos.

Capítulo 2

Periódico Oficial del Gobierno del Estado
Querétaro, 1 de Febrero de 1910
Los Revolucionarios Resisten las Amenazas
Demandan Reforma Agraria
Hicimos lo que nos pidió

De todos modos, decidí tomar un descanso y anteayer llegué con mi amiga María Elena a Oaxaca. ¡Qué bonito es este lugar!

Por la mañana, las dos nos despertamos temprano. Con un gran apetito desayunamos en el restaurante del hotel. El gerente del hotel se nos acercó para saludarnos. Nos habló de un bonito Mesón en la ciudad. Los dueños ya son mayores y quieren venderlo. Fuimos a verlo. ¡Qué tranquilo! El lugar me encantó. Enfrente hay un gran árbol en flor.

A María Elena no le voy a decir que lo voy a comprar. Éste será mi lugar secreto. Hoy, dejé un depósito. Voy a pedirle a mi abogado, Pedro Aguilar, que venga aquí para verlo y hacer los trámites necesarios.

Se lo dije a Miguel, pero mi pobre marido está tan cansado que no va a venir a verlo; siempre ha confiado en mi juicio. El marido de María Elena dice que Miguel no debería fiarse tanto de mí, que las mujeres no tenemos cabeza para estas cosas. ¡Allá ella con su marido! Yo prefiero con mucho al mío, quien siempre me ha considerado su igual.

Te dejo por ahora, mi querido Diario. Hace calor y quiero dar un paseo por el Zócalo.
Josefa

Tres hombres se acercaron a la casa de los González. El que tenía menos aspecto de policía, un joven con pelo largo, llamó a la puerta. La señora González la abrió.

—*Yes, can I help you?* —dijo un poco sorprendida ante la seriedad que mostraban los hombres.

—Señora González, vengo del Departamento de Investigación Criminal de los Estados Unidos —dijo el oficial Galeón—. Estos dos caballeros son representantes de la Policía Federal de México. Los señores Torreón y Contreras.

—¿Ocurre algo? —preguntó la señora, alarmada.

—Bueno, en realidad, señora González, se trata de su hija.

La señora González llamó a Jamie y todos se sentaron en la sala. Jamie tampoco sabía qué pasaba.

El oficial Torreón tomó la palabra. Confirmó con ellas que Jamie era la misma persona que había heredado las propiedades de doña Josefa de González, su bisabuela, el verano pasado. Entonces dijo algo sorprendente.

—Bueno, parece que usted también es la propietaria del Mesón del Jaguar en Oaxaca.

Jamie estaba segura de que habían confundido el Hotel La Jacaranda de San Miguel de Allende con otro edificio. Torreón insistió en que no había ningún error.

—Perdone señorita —dijo Contreras—, todo está escrito en estos documentos. El nombre de su bisabuela, doña Josefa de González, aparece como propietaria del Mesón.

Torreón continuó: —Se cree que el Mesón en Oaxaca, que se llama el Mesón del Jaguar, podría usarse para algún negocio ilegal.

Jamie, totalmente confundida, los miró con la boca abierta. Su madre, asustada, fue a llamar al señor González por teléfono.

—Señorita, le recomiendo que aclare su conexión con todo esto. Y eso, sólo se puede hacer en Oaxaca —insistió Torreón.

Mientras Galeón y Torreón se despedían de la señora González, Contreras se apartó y sacó un teléfono celular. Marcó un número en México.

—¿Bueno? —contestó la asistente de Aguilar, Miranda.

—Ya sabe de quién se trata —Contreras habló rápidamente—. Parece ser que Jamie González está relacionada con el Mesón.

Capítulo 2

—Claro que está —dijo Miranda.

—Va a ir a Oaxaca. Yo también voy para allá.

—Bien, muy bien, Contreras. Nos vemos en Oaxaca.

Después Miranda quedó pensando. "¡Este Contreras no entiende lo que pasa! Pero quizás sea mejor así." Miranda tenía sus propios proyectos.

La visita de los policías destruyó la tranquilidad de la casa de los González. Jamie y sus padres decidieron que no había más remedio que ir a Oaxaca para aclarar lo del Mesón. Pero los padres no podían dejar el trabajo y no les gustaba que Jamie viajara sola.

Jamie decidió invitar a Rosie para que la acompañara. Su amiga quería ir a México como parte de su programa de estudios y se entusiasmó con la idea de ir a Oaxaca, una región perfecta por los centros arqueológicos que había en los alrededores. Jamie habló también con su abogada en México, la licenciada Beltrán, quien le había ayudado el verano pasado en el juicio contra don Silvestre. Le informó de lo que pasaba, y la abogada prometió reunirse con ella en Oaxaca.

Además de aclarar lo del Mesón, Jamie esperaba averiguar qué pasaba con Carlos y su familia. También quería llevarse el coyote y averiguar algo sobre él.

De un día para otro, sus planes para el verano habían cambiado. Otra vez a México, otras aventuras y . . . ¿nuevos peligros?

Capítulo 3
El Mesón del Jaguar

◉ ◉ ◉

Rogelio Salazar se sentó en su sillón favorito para descansar. Como ya no trabajaba en la biblioteca, le quedaba más tiempo para leer y pensar.

—Rogelio, alguien te llama de México —gritó su madre desde abajo.

—Ya voy —contestó. Bajó la escalera con tanta prisa que resbaló y se cayó.

—Rogelio, ¿qué te pasó? —le preguntó la madre.

—Nada, mamá —respondió Rogelio, aunque le dolía un poco la pierna—. Esta escalera está un poco gastada.

—Ten cuidado, hijo —le dijo su madre pasándole el teléfono.

—¿Bueno? —contestó Rogelio—. ¿Quién? ¿La licenciada Beltrán? Claro que la recuerdo, cómo no.

La abogada llamaba desde su oficina en la Ciudad de México. Desde que Jamie la llamó, había estado pensando en el Mesón en Oaxaca. Algo serio estaba ocurriendo y ella tenía que averiguarlo.

Necesitaba a alguien con el talento para buscar información sobre el caso sin llamar la atención de otros. Alguien que sabía lo que había pasado en Querétaro el verano pasado. Rogelio Salazar era la persona ideal para el trabajo. Había ayudado antes y tenía un talento especial para fijarse en los detalles.

—Sí, Rogelio, eso es —le dijo Beltrán—. Te explico más en Oaxaca. Por favor, dile a Carlos Navarro lo que pasa, pero a nadie más.

Rogelio entusiasmado, subió la escalera tan deprisa que tropezó otra vez.

—¡Cuidado, hijo, que te vas a matar! —gritó la madre.

—Voy a ir a Oaxaca, mamá.

—Y yo a Nueva York —respondió ella con incredulidad.

—En serio, mamá —dijo Rogelio.

—¿Con qué? —preguntó ella pensando en los reducidos fondos de la casa.

—Con el autobús, el de lujo —rió Rogelio, bromeando con su querida madre.

Más tarde Rogelio habló con Carlos en la calle, delante del Arcángel, y le explicó algo sobre los problemas de Jamie.

—A ver, Rogelio, cálmate. ¿Qué tipo de problemas? —le preguntó Carlos.

—Algo que tiene que ver con un lugar llamado el Mesón del Jaguar —le explicó Rogelio.

—¿Qué es el Mesón del Jaguar? —preguntó Carlos un poco confundido.

—No sé. Voy a ir a Oaxaca, de parte de la licenciada Beltrán, a investigar —dijo Rogelio, y añadió: —Jamie va a ir también a Oaxaca.

Al oír que Jamie iba también, y recordando los documentos sobre La Catrina que había tomado de la oficina de Aguilar, Carlos le dio un mensaje para ella.

—Por favor, dile que estaré muy pronto con ella.

El viaje fue largo. Cuando por fin llegaron al aeropuerto de Oaxaca, las muchachas estaban cansadas, así que tomaron un taxi y fueron al hotel. Jamie tenía la sensación de que las estaban observando, pero decidió que era sólo su imaginación. Una vez en el hotel, se dirigieron a la recepción.

—Hola. Tenemos reservación. Una habitación doble —dijo Jamie.

—¿A nombre de quién? —preguntó la recepcionista.

—Rosie Lawrence y Jamie González.

—Sí, aquí está —confirmó la señorita.

Jamie iba a dejar el paquete con el coyote en la caja

fuerte del hotel, pero notando algo extraño en el comportamiento de un hombre cercano, decidió guardar la figura en su habitación.

—Rosie, ¿has notado a un tipo que nos estaba vigilando? —preguntó Jamie mientras subían la escalera.

—No he visto a nadie —le contestó Rosie, un poco sorprendida, y siguió: —¿Quién además de tu abogada sabe que estamos aquí?

—¡Para mí, todos lo saben! —insistió Jamie.

Y las dos se rieron sin poder controlarse.

Más tarde, Jamie y Rosie fueron a la oficina de Archivos Oficiales de Oaxaca. El archivista era un hombre raro y muy nervioso llamado Marañón. Jamie se acercó a él y le preguntó acerca del Mesón.

—Mire, se llama el Mesón del Jaguar —dijo Jamie.

—¡El Mesón del Jaguar! Bueno, esa casa tiene muchas historias, señorita . . .

—González, Jamie González —respondió ella.

Al oír su nombre, Marañón cambió de tono.

—Usted es la señorita González, ¿entonces es la bisnieta de La Catrina? ¡Bienvenida a Oaxaca! —dijo Marañón en un tono misterioso.

El archivista le contó a Jamie que hacía mucho tiempo La Catrina había venido a Oaxaca para comprar una casa. El Mesón fue el lugar que más le gustó.

Mientras Marañón buscaba en unos archivos la información que Jamie quería, una mujer se acercó a las muchachas.

—Perdonen, señoritas, les voy a dar un consejo. No se acerquen a esa casa porque es muy peligroso.

En ese momento, Marañón regresó con unos papeles y la mujer se apartó bruscamente.

—Adiós, doña Sofía. Pobre mujer. Está un poco . . . no le hagan caso —les dijo Marañón a las jóvenes, haciendo un gesto para indicar que la mujer estaba un poco loca. Después tomó el documento que había encontrado y leyó: —"El Mesón del Jaguar . . . Dueña: doña Josefa de González, residente de Querétaro. Fecha de compra: 3 de enero de 1910. Precio: 900 pesos."

Miró a las muchachas y continuó: —Muy barata . . . Ahora vale mucho más, por supuesto.

Del diario de doña Josefa de González

3 de enero de 1910
Querido Diario:
¡No te lo vas a creer! Pedro Aguilar hizo lo que le pedí y lo compró! ¡Sí, el Mesón del Jaguar ya es nuestro! Sin embargo, no soy completamente feliz. Miguel no está bien. El médico le dijo que debe quedarse en cama y no salir mucho al campo. Pero además, el doctor me confió que está

preocupado por la salud de mi marido y que, ya
con cincuenta años, se acercan los años peligrosos.
¡Qué horror! ¡La vida es tan corta!
    Estoy cansada. Hasta mañana.
Josefa

Volviendo al hotel, Rosie no podía contener la risa.

—¡Qué tipo más extraño! Me recordó a alguien de una película cómica —dijo ella.

Jamie tambien reía pero no tanto. Había algo más allí.

Cuando entraron en el hotel, había una gran confusión. La policía había detenido a dos extranjeros, supuestamente por tráfico ilegal de arte. La recepcionista les explicó que se sospechaba que los dos vendían ilegalmente piezas de arte precolombinas.

Rosie se puso seria.

—Jamie, ¿todavía tienes la pieza arqueológica? —preguntó.

—Sí, está en la habitación —dijo Jamie sin notar que alguien las estaba escuchando.

Rosie no dijo nada más, pero los policías le habían dado un susto.

Antes de subir a su habitación, la recepcionista le dio a Jamie una carta. Jamie la leyó en voz alta.

—"Querida Jamie, Rogelio me dijo algo de tu situación, así es que voy a ir a Oaxaca para ayudarte en todo lo que pueda. Estoy deseando verte y compartir nuestra próxima gran aventura. Te quiere, Carlos." ¡Por fin! ¡Estoy tan contenta, Rosie! —exclamó Jamie sin poder contener su emoción. Rosie trató de calmarla, pero sin mucho éxito. Jamie estaba demasiado contenta.

◐

En su oficina Aguilar hablaba en una conferencia por video con uno de sus clientes.

—¿Ya ha encontrado lo que le pedí? —preguntó el señor Castelar, un español residente en Madrid.

—Sí, señor Castelar. Tenemos una cabeza, una pieza auténtica de Palenque . . . pero va a ser cara —dijo Aguilar.

El Mesón del Jaguar

—El dinero no es problema —Castelar examinó la figura en la pantalla de la computadora. Reconoció que tal pieza tenía un valor inestimable. Aguilar prometió entregársela personalmente.

—El mes que viene voy a ir a España. Tengo una casa en Madrid.

Silvestre Aguilar estaba contento; sin embargo, una llamada del archivista en Oaxaca, Marañón, cambió todo.

—Alguien ha estado preguntando por el Mesón. Una joven . . . norteamericana, una tal Jamie González —dijo Marañón.

A Aguilar no le gustó oír eso. ¿Qué estaba haciendo Jamie González en Oaxaca? ¿Por qué había ido a la oficina de Archivos Oficiales? El diputado estaba preocupado.

—Ah, Jamie González . . . nuevamente en México. La otra vez logró escapar. Pero ahora la pagará —le dijo a Miranda, quien vio una oportunidad de ganarse el reconocimiento de su jefe. Ésta le recordó la información que le habían dado hace poco de que la joven tenía una pieza arqueológica en su habitación.

—Podríamos decir algo a la policía —sugirió Miranda.

Aguilar no quería ver a Jamie curioseando acerca del Mesón. La joven le había causado problemas una vez, y esta vez no quería arriesgar nada.

—¡Bien! Vaya a Oaxaca inmediatamente, mañana mismo, y solucione todo —le dijo a Miranda—. ¿Me entiende?

—Sí, don Silvestre —le aseguró la asistente.

CAPÍTULO 4
Una visita al pasado

◎ ◎ ◎

Rogelio se alegró al ver a la licenciada Beltrán.

—Gracias, Rogelio, por haber venido —dijo ésta.

—De nada, sin trabajo tengo poco que hacer. Y si puedo ayudarla en esto, nada me alegraría más. ¿Tiene ya alguna idea de lo que pasa? ¿Qué es este misterio del Mesón aquí, en Oaxaca?

—Mira, Rogelio, todo esto es muy curioso —dijo la licenciada—. No me sorprendería si Silvestre Aguilar tuviera algo que ver con todo esto. Y él tiene más influencia ahora que el año pasado.

Rogelio abrió los ojos que, siendo grandes por naturaleza, parecían enormes.

—¡Ya sospechaba que estaba involucrado ese hombre! —exclamó.

—No tenemos ninguna prueba. Pero estás aquí para ayudarnos, Rogelio —añadió la licenciada.

Rogelio sonrió ante la confianza implicada en las palabras de la licenciada.

—Sí, por supuesto. Sabe —él continuó—, cuando fui a la oficina de Archivos Oficiales, había allí una señora que hablaba con el archivista. Creo que la he visto en Querétaro. Es extranjera, una mujer alta y pelirroja. Qué coincidencia, ¿no? que ella esté aquí también.

En ese momento llegó Jamie.

—¡Qué bueno que vinieron los dos! —dijo.

—Estamos aquí, en el mismo hotel que ustedes —dijo Beltrán, y continuó—, Jamie, de acuerdo a los documentos de propiedad de Oaxaca, parece que la propietaria del Mesón era tu bisabuela.

—Parece que era una propiedad secreta de doña Josefa

—dijo Rogelio, mostrándole una foto del Mesón. Jamie los miró confundida.

—¿Propiedad secreta? Pero, ¿por qué?

—No sé —respondió la abogada—. Pero no te preocupes. Rogelio va a investigar los documentos de la propiedad, y yo voy a hablar con las autoridades locales.

A la mañana siguiente, Jamie y Rosie fueron al Museo Rufino Tamayo; allí vieron un cartel que decía: "Visitas a Monte Albán y Mitla. Boletos aquí." Rosie se entusiasmó por ver los sitios arqueológicos y Jamie estaba de acuerdo. El muchacho que les vendió los boletos, Benito, un joven alto y atlético de pelo castaño largo, era simpático y bromeaba con Rosie, y les ofreció también una visita a Cuilapan por cortesía de la casa. Las dos jóvenes salieron para esperar al guía de la próxima visita.

En un momento libre, Benito llamó a su madre, como solía hacer todas las mañanas.

—¿Bueno? ¿Qué tal, hijo? ¿Tienes un grupo de turistas hoy? —preguntó la señora López, quien todavía estaba en su dormitorio preparándose para ir al trabajo cuando llamó su hijo.

—Sí, en media hora, sólo dos estudiantes estadounidenses —dijo Benito, sonriendo un poco al recordarlas.

—¿Sólo dos? ¿Yo creía que el director puso un mínimo de cuatro personas?

—En este caso el mínimo es menos —respondió el joven—. Son dos muchachas jóvenes muy interesadas en la visita.

Hubo un silencio. Después la madre continuó:

—¿Cómo está tu amiga, Luisa?

—No sé; hace unas semanas que no la he visto. Supongo que bien —contestó Benito.

Hubo otro silencio. Pero la señora López comprendió que ya no salían juntos y no preguntó nada más.

—Adiós, mamá. Tengo prisa —dijo Benito—. Nos vemos esta noche.

Rosie y Jamie pensaban que habría un grupo para la visita. También creían que vendría un guía algo mayor. Cuando Benito se presentó y dijo que él era el guía oficial y que la visita era sólo para ellas, las dos muchachas quedaron muy sorprendidas. Sin embargo, no estaban del todo descontentas, especialmente Rosie.

Benito las llevó primero a Mitla, un antiguo centro arqueológico de los zapotecas y mixtecas que se considera una de las maravillas del mundo indígena.

—Por supuesto que hoy son sólo unas ruinas, pero en su día eran impresionantes —dijo Benito—. Mitla, aunque en un principio zapoteca, se convirtió tras la invasión mixteca en uno de sus principales centros ceremoniales.

Rosie ya sabía algo de la información que les decía

Benito. Había leído sobre los cinco grupos de edificios de Mitla, especialmente sobre el Grupo de las Columnas, pero le fascinaba el hecho de que ella misma se encontrara en esos lugares, como un sueño hecho realidad. Se fijó maravillada en los grabados en piedra que había en las paredes. Según Benito, representaban ideas religiosas.

Luego fueron a Monte Albán, una metrópoli política y ritual durante más de dos mil años. Era una necrópolis donde los zapotecas y mixtecas habían enterrado a sus reyes. Allí Benito les mostró los restos del Templo de los Danzantes y la cancha del Juego de Pelota, un juego considerado por los antiguos habitantes como una ceremonia ritual, más que un deporte. Rosie hizo una pregunta medio en serio y medio en broma:

—¿Y es cierto que a los que perdían el juego les cortaban la cabeza?

Benito sonrió un poco y Rosie entendió que su pregunta no era muy sofisticada. Pero él respondió con respeto:

—Bueno, eso dicen. Hoy nos puede parecer una barbaridad, pero para ellos era parte de su vida, de sus creencias.

Rosie quedó convencida de que Benito era una persona bastante interesante. Su nivel de información era impresionante.

—¿Qué te parece, Jamie? Es un buen chico, ¿no? —preguntó Rosie en un momento cuando Benito no estaba.

—Supongo que sí, pero para mí tiene poco interés, comparado con otros aquí, por ejemplo —dijo Jamie.

—¡Comparado con Carlos, quieres decir! —dijo Rosie.

—Sí, pero ¿cómo lo adivinaste? —preguntó Jamie.

Rosie la miró fijamente pero no dijo nada.

Se sentaron para descansar a la sombra de un árbol desde donde podían ver la ciudad abajo. Jamie aprovechó esta oportunidad para mostrarle a Benito la hoja con la dirección del Mesón que había obtenido en la oficina de Archivos Oficiales.

—Perdona, Benito. Estoy buscando esta casa. ¿Sabes dónde está?

La cara del joven mostró sorpresa y asombro.

—Sí, sí pero . . . Bien, está por allá. ¿Por qué les interesa tanto? —preguntó, mientras les mostraba por dónde quedaba el Mesón, abajo en la ciudad.

—Era la casa de un familiar mío —dijo Jamie.

—Aquí la gente no va mucho por allá. Tiene mal nombre —dijo Benito en un tono serio.

Después Benito las llevó a Cuilapan como les había prometido. Ya cuando regresaban, las invitó a ver una carrera por las calles de Oaxaca en la que él iba a participar. Las muchachas aceptaron la invitación, y todos volvieron al centro.

Del diario de doña Josefa de González

8 de febrero de 1910
Querido Diario:

Hoy vinieron de los Estados Unidos un señor y su esposa, parientes de María Elena, a quienes yo ya había conocido en Querétaro. María Elena me pidió que les mostrara algo de Oaxaca. Los llevé a la catedral y después comimos en el Zócalo. ¡Qué plaza tan bonita!

Por la tarde, pasamos por la casa donde, de niño, vivió Benito Juárez, uno de mis héroes nacionales. Después de mostrársela, el señor, un poco molesto, empezó a decirme que Juárez no tenía sentimientos humanísticos, que "el fusilamiento de Maximiliano fue un escándalo." No mencionó nada de la muerte de miles de mexicanos en esa guerra que hicieron los franceses contra nuestra República. Yo me callé por respeto a un pariente de una buena amiga, pero fue difícil. No dije nada—sólo "adiós" y que vayan a visitarme a Querétaro.

Miguel está peor. A Sebastián no le he dicho nada todavía. Quiere mucho a su papá y, si pasa algo, va a ser duro para él.
Josefa

En Querétaro, Paco Aguilar también hablaba de la carrera en Oaxaca con su padre.

—¿Te gustaría ir a la carrera de pasado mañana en Oaxaca? —preguntó.

—Ah, sí, hijo —dijo Aguilar. Ya había decidido que sus negocios en Oaxaca merecían su atención personal, especialmente ahora cuando había demasiada gente preguntando sobre el Mesón. Continuó: —Es nuestra carrera del Comité para la Protección del Patrimonio Cultural. Intentaré ir. Tengo algunos negocios en Oaxaca. ¿Vas a participar?

—Sí, quiero correr —contestó Paco. Su padre sabía que le gustaban los deportes y, aunque no era el número uno en ninguno, corría para mantenerse en forma para jugar fútbol y tenis.

Pero cuando Paco sugirió quedarse en el Mesón, propiedad de la familia, como en tiempos pasados, su padre contestó de una forma inesperada.

—Mejor no. Quédate conmigo en el hotel —dijo un poco misteriosamente.

Paco quedó perplejo pero su padre no le explicó más, y los dos convinieron en tomar un vuelo al día siguiente, por la noche, a Oaxaca.

Capítulo 5
Encuentros en Oaxaca

◻ ◻ ◻

Carlos pensaba en las palabras de su padre al despedirse en Querétaro: "Haz lo que tienes que hacer y vuelve pronto. Te necesitamos aquí." El autobús de tercera estaba llegando por fin a Oaxaca. Pensaba en Jamie. ¿Cómo reaccionaría ella por su falta de comunicación? Y su amistad . . . su amor; ¿podrían estar como antes? ¿Exactamente cuál era el problema con el Mesón? El ruido dentro del autobús no le permitía pensar. En la terminal, le informaron sobre un hostal económico donde podía alojarse.

Después de bañarse y afeitarse, fue al hotel donde estaba Jamie. Rogelio le había dejado un recado, antes de que saliera Carlos de Querétaro, con la dirección y el número de habitación de la joven. Carlos tenía el sobre con los documentos que había tomado de la oficina de Aguilar.

También traía unas flores. Su corazón le palpitaba rápidamente y le sudaban las manos.

—La cuatrocientos diecinueve por favor —le dijo a la recepcionista, quien marcó el número de la habitación de Jamie.

—Señorita, el señor Carlos Navarro está esperándola —le avisó.

Jamie no podía creerlo. Estaba tan feliz. Otra vez Rosie trató de calmarla, pero la alegría de su amiga era incontrolable. Jamie bajó en dos segundos.

—Carlos, ¡qué bueno verte! —exclamó, mientras se abrazaban.

Sin embargo, esa primera conversación fue algo difícil. Un año sin verse era mucho tiempo. Carlos trató de explicarle por qué no le había escrito, la difícil situación económica en la que se encontraba su familia y cómo esto lo había deprimido. Jamie, sin saber nada de Carlos durante tanto tiempo, pensaba que se había enamorado de otra, pero él lo negó rotundamente.

Quizás para cambiar de tema, Carlos sacó el artículo del periódico que había encontrado en la oficina de Aguilar. Allí estaba la foto de la bisabuela de Jamie. El artículo hablaba de la situación política de aquella época. Pero, lo más extraño era el papelito con la misteriosa frase: "Hicimos lo que nos pidió."

—¿Qué quiere decir esto? —preguntó Jamie. Pero para Carlos, también era un misterio. Los dos planearon encontrarse al día siguiente, para ver la carrera en la que Benito iba a participar.

Capítulo 5

De camino a la carrera, Jamie le habló mucho de Carlos a su amiga, pero Rosie tenía sus dudas. No quería ver sufrir a Jamie otra vez.

—Según todo lo que me has dicho, Carlos parece muy agradable —dijo Rosie casualmente—. Está muy bien para el verano.

Jamie entendió la implicación. Rosie tenía razón: ¿qué podría pasar en el futuro entre los dos? Pero Carlos llegó en ese momento, y Jamie no quería pensar más en eso.

La carrera estaba patrocinada por el Comité para la Protección del Patrimonio Cultural. Todos los corredores estaban ya en la línea de salida, cuando, de repente, Jamie se dio cuenta de que Paco Aguilar también corría. Estaba atónita. ¿Qué hacía Paco en Oaxaca? ¿Estaba allí su padre también?

Fue una carrera interesante por las calles de la ciudad. Benito, con bastante ventaja sobre los demás, fue el ganador. Las muchachas estaban llenas de alegría.

—¡Felicidades, Benito! —dijo Rosie.

—Benito, te presento a Carlos Navarro, un buen amigo —dijo Jamie. Carlos también lo felicitó.

En ese momento Paco Aguilar se acercó a Jamie.

—Jamie, ¿qué haces aquí? No esperaba verte —le dijo, y continuó: —¿Cómo estás?

—Bien, Paco. ¿Y tú? —respondió Jamie.

—Bien. Veo que todavía llevas el anillo que te di —dijo Paco fijándose en el anillo que colgaba del cuello de Jamie.

—Sí, el anillo de mi bisabuela —continuó Jamie. Los dos se miraron rápidamente, recordando el momento en que Paco le había dado el anillo cuando ella se iba de Querétaro el verano pasado.

—Me alegro de verte de nuevo —dijo Paco, y cuando se marchaba añadió: —Cuídate, Jamie.

—¡No sé cómo todavía se atreve a saludarnos! —dijo Carlos molesto. Pero Jamie no le hizo caso y cambió de tema.

—Gracias por el coyote que me enviaste —le dijo a Carlos.

Pero él no sabía nada del coyote y se lo dijo.

—Jamie, ¿será el mismo coyote del que hablaste a mi padre? —preguntó. Jamie asintió con la cabeza. Continuó Carlos bromeando: —Ya me lo imaginaba, a menos que estuvieras recibiendo figuras de animales ¡todas las semanas!

Jamie estaba confundida. Si Carlos no le envió el coyote, entonces, ¿quién se lo mandó?

Rogelio por su parte era feliz con la idea de estar cerca de Jamie otra vez y, si podía, ayudarla en la nueva crisis. Al verla en el Museo, adonde ella y sus amigos habían ido para ver un video sobre las civilizaciones antiguas de México, se le acercó y le dio un consejo acerca del Mesón.

—Jamie, ese lugar es malo. La gente dice que allí pasan cosas ilegales, con objetos de arte. Jamie, no te acerques por allí.

Después de la conferencia en el Museo, Carlos y Jamie decidieron pasear y sentarse en uno de los bonitos cafés al aire libre. Hablaron sobre el artículo de periódico y la nota que Carlos había tomado de la oficina de Aguilar, y sobre el Mesón.

—Jamie, ¿por qué no incluyeron el Mesón en el testamento de tu bisabuela? —preguntó Carlos.

—La licenciada Beltrán cree que mi bisabuela no tuvo oportunidad de incluirlo en el testamento, ya que la

Revolución estalló cuando ella llegó a Querétaro —dijo Jamie y continuó: —Y entonces el abuelo de Silvestre Aguilar, que representaba sus asuntos legales, no lo incluyó nunca; no sé si por descuido o a propósito.

Carlos, conociendo a Silvestre Aguilar y a su familia, no pensaba que había sido un descuido, pero él tenía una pregunta distinta para Jamie.

—Jamie, ¿tú crees que podamos estar como estuvimos el verano pasado?

—No sé, depende. Por ahora, mi vida está en Los Ángeles, y la tuya en Querétaro —contestó Jamie.

Pero los dos sabían que por el momento, sus vidas y sus futuros dependían en gran parte de lo que iba a pasar en Oaxaca. Se miraron y sonrieron con una felicidad que no habían sentido en meses.

El grupo ya se había formado, lo mismo que el verano pasado, pero ahora, en vez de María, su amiga mexicana, y Felipe, estaban Rosie y Benito. A pesar de las promesas que se habían hecho, Felipe volvió a los Estados Unidos y, poco a poco, se olvidó de María. Ella, por su parte, había ido a Inglaterra para seguir sus estudios de inglés. Las relaciones a larga distancia son verdaderamente difíciles, pensó Jamie. ¿Qué iba a pasar entre Carlos y ella? ¿Cuál sería su futuro? Pensaba en todo esto cuando decidió escribirle una carta a María.

Querida María:

Hace ya varios días que te quería escribir. ¡Resulta tan extraño que tú no estés aquí! Bueno, primero te diré que estoy aquí en Oaxaca con una buena amiga de Los Ángeles, Rosie. Hay un gran misterio acerca de un Mesón de aquí que, según la policía, fue propiedad de mi bisabuela, aunque no estaba incluido en el testamento. Pero, hay más. En Los Ángeles recibí un regalo, una figura de un coyote. Yo estaba segura de que me la había enviado Carlos, pero él dice que no me la mandó.

Hoy fuimos al Museo Rufino Tamayo, donde vimos un video con mucha información sobre las civilizaciones indígenas de México. ¡La historia de este lugar es fascinante! Graciela López, asesora del Museo y distinguida arqueóloga, fue quien lo preparó. Ella es la madre de un joven, Benito, que estudia arqueología y trabaja de guía en el mismo Museo. Hemos entablado amistad con él, o más bien, la ha entablado Rosie.

Bueno, María, ¿qué tal Inglaterra? Ya debes hablar inglés perfectamente, ¿no? Escríbeme pronto.
Un beso,
Jamie

Paco Aguilar sabía que algo estaba pasando en el Mesón. La noche pasada, cuando vio a la policía vigilando la casa . . . ¿qué podía pasar?

En Querétaro, su vida no había sido fácil. En la novela *El Gran Gatsby*, de Scott Fitzgerald, había leído que "la gente rica es diferente" pero él no estaba de acuerdo. No quería ser diferente.

Lo del verano pasado lo había cambiado. Pensaba en Jamie. Se sentía culpable por lo que había hecho su padre y quería compensarle, de alguna manera, a la joven.

Con tales pensamientos Paco entró en las habitaciones de su padre.

—Escucha, la policía está vigilando el Mesón. ¿Por qué? ¿Ocurre algo en esa casa?

—No te preocupes. No es asunto tuyo —respondió su padre algo disgustado.

—Y ¿por qué está Jamie González en Oaxaca? —añadió el joven.

Ante la insistencia de su hijo, Aguilar tuvo que admitirle algunas cosas.

—El Mesón es el centro de un negocio para coleccionar y vender objetos de arte. Gracias a mi negocio los coleccionistas y los museos del mundo tienen objetos maravillosos. ¿Y por qué no admitirlo? También me dan—nos dan—mucho dinero —explicó Aguilar.

—Pero, papá, eso es completamente ilegal, ¿no? —exclamó Paco.

—Técnicamente, sí es ilegal vender arte precolombino.

—¿Técnicamente, papá?

Aguilar explicó la historia de su negocio, algo que se había empezado cuando no había restricciones. Gracias a su negocio la gente podía admirar lo mejor del arte del país, lo cual traía respeto y reconocimiento de México en todo el mundo.

Pero la explicación de su padre no le convenció nada a Paco. En el pasado, había creído en el honor de su padre. Pero ahora empezaba a tener dudas.

Fue como un relámpago. Los dos policías vinieron al hotel, entraron en la habitación de las muchachas y preguntaron por la figura del coyote.

—Tenemos información de que tiene en su posesión un objeto de arte —dijo uno—. Señorita, la venta ilegal de arte en México es un crimen muy grave.

Jamie no podía creer lo que estaba oyendo.

—La traje con la intención de averiguar su origen. ¡No tengo intención de venderla! —aseguró Jamie.

Los policías, después de averiguar que la figura no estaba registrada, miraron a Jamie con desconfianza.

—Nos va a tener que acompañar —dijeron.

—Rosie, llama a la licenciada Beltrán y a Carlos. ¡Inmediatamente! —gritó Jamie mientras se la llevaban.

Por primera vez empezó a sentir un gran miedo.

Del diario de doña Josefa de González

5 de marzo de 1910
Mi querido Diario:
   ¡Hoy es el día más triste de mi vida! Miguel se ha muerto. Ahora somos dos: Sebastián y yo. Tengo que ser fuerte. Pedro Aguilar y su socio han sido magníficos amigos con sus buenos consejos. He decidido que yo misma me voy a encargar de todas mis propiedades, en vez de dejarlas en manos de mis gerentes.
   Las noticias que vienen de la capital son terribles. Todo el dinero del gobierno invertido en avenidas y paseos donde viven los porfiristas, y el resto de la ciudad con tanta pobreza.
   Aquí en Querétaro mis antiguos amigos ya casi no me hablan. Son porfiristas y no les gusta que una hacendada, como yo, sea una traidora a la alta sociedad. Hasta María Elena dice que su marido no quiere que hable conmigo. No importa, yo sigo con mis ideales, aunque peligrosos. Y siempre puedo confiar en unos pocos como Pedro Aguilar.
Josefa

CAPÍTULO 6

Un plan para liberar a Jamie

◘ ◘ ◘

Desde que había vuelto a México, Jamie había intuido que podría tener problemas con la policía. Aunque no se lo dijo a nadie—ni a sus padres, ni a Rosie—había entendido que el viaje a Oaxaca para aclarar lo del Mesón podía traer dificultades serias, incluso peligros. Las palabras del Profesor Rangel en USC acerca del coyote, los policías que habían ido a Los Ángeles, todo había contribuido a que se sintiera un poco preocupada, sin saber por qué.

Sin embargo, nunca había imaginado que pudiera acabar en una cárcel, y menos en una cárcel mexicana. Pero guste o no, allí estaba. Y como ocurre muchas veces en la vida, la realidad no era tan mala como se había imaginado.

Por la mañana Jamie se alegró mucho al ver a Carlos y a Rosie.

—Mira —dijo Jamie medio en broma—, no quiero estar mucho tiempo aquí. Quizás los dos podrían ir al Consulado estadounidense.

—Te voy a sacar de aquí hoy mismo —le prometió Carlos, aunque sin saber si realmente lo podría hacer.

De todos modos, había que hacer algo. Era una situación insoportable.

Mientras Rosie y Carlos esperaban a la licenciada Beltrán en el hotel, Rosie se disculpó por no haber tomado en serio las relaciones entre Jamie y Carlos. Ahora podía ver que los dos estaban enamorados y que Carlos estaba verdaderamente preocupado por Jamie. Había una conexión fundamental entre ellos. Rosie se alegró de que Carlos estuviera allí, y se sintió mejor al ver a Beltrán.

La abogada ya había hablado con la policía, y les dijo que los cargos contra Jamie eran más graves de lo que ellos creían. Desde el punto de vista de la policía, la situación era muy sospechosa: Jamie era, supuestamente, dueña del Mesón, el cual podría ser un centro ilegal de tráfico de arte. También, la figura del coyote que habían encontrado en su posesión podría ser muy valiosa. Beltrán, igual que Jamie, aconsejó que Rosie y Carlos fueran al Consulado de los Estados Unidos para pedir ayuda.

En efecto eso es lo que hicieron. La entrevista con la cónsul no les dio mucha esperanza. Fueron recibidos con cortesía, pero, sobre todo en la opinión de Carlos, la oficial era algo fría y formal.

La cónsul les dijo que hablaría con la policía, pero Carlos no estaba contento. Le informó a Beltrán por teléfono de la visita y de sus dudas.

—¿Qué vamos a hacer ahora? —dijo desesperadamente.

—Entiendo, Carlos. Mira, yo conozco a Torreón, el comandante de la policía de aquí. No quiero decir nada antes de que hayan tenido tiempo de investigar, pero me parece que esto es obra de Aguilar. Voy a hacer una cita con Torreón.

Cuando Beltrán y Carlos hablaron con el comandante Torreón, era claro que éste estaba muy bien informado de lo que había pasado en Querétaro el verano pasado. Los dos hablaron del posible papel que jugaba Aguilar en lo que estaba pasando con Jamie. Pero Beltrán salió de la oficina de Torreón convencida de que su intervención con él había sido casi inútil. El comandante parecía seguir un plan que no admitía ninguna prisa.

Cuando Beltrán y Carlos ya se habían marchado, Torreón se quedó pensando. Descolgó el teléfono y marcó un número en la Ciudad de México.

—Mi General, aquí Torreón —y siguió hablando: —Sí, jefe. No hay duda de que la pista conduce a Aguilar.

Pero es un diputado y, como usted sabe, tiene muchos amigos. Y, además, es miembro del Comité . . . sí, irónico, ¿no?

Evidentemente, tenían que proceder con cuidado. El General autorizó a Torreón a seguir con su investigación.

—Gracias. Puede contar con mi discreción —Torreón colgó el teléfono y sonrió.

"Tarde o temprano, Aguilar se equivocará y lo podré capturar," pensó.

Mientras tanto, en un estadio vacío de Oaxaca, Contreras estaba esperando a Miranda, la asistente de Aguilar. No quería que nadie los viera juntos, ya que él empezaba a tener vergüenza por su asociación con Aguilar. Había empezado a ayudar al diputado porque creía que era un amigo sincero de la policía, y porque le gustó la idea de tener amistades importantes. Pero con otros policías investigando sobre el Mesón, y la señorita González metida en la cárcel por una acusación falsa, no le gustaba el aspecto de las cosas. Sabía que Miranda le quería pedir más favores, pero ya estaba cansado.

Llegó Miranda, con un resonante: —¡Contreras!

—Todo esto se está complicando mucho. Todo parece apuntar a Aguilar. No quiero saber nada más de esto —dijo Contreras rápidamente, antes de que ella pudiera tratar de convencerle de hacer algo más.

—¡A Aguilar no le va a gustar lo que está diciendo!
—contestó Miranda enojada. Pero Contreras añadió:

—¡Dígale que no puedo hacer nada más!

La asistente se dio vuelta y se marchó, preguntándose cómo iba a hacerle pagar a Contreras su insolencia.

Fue difícil encontrar la pista de entrenamiento donde estaba Benito esa tarde, pero con Jamie en la cárcel, Rosie tenía miedo y Benito era el único oaxaqueño a quien conocía. Y no sólo eso: la joven había tenido pocas oportunidades de hablar con él a solas y quería llegar a conocerlo mejor. A pesar de su seriedad, a Rosie le parecía que Benito mostraba cierto interés en ella.

Capítulo 6

Éste estaba terminando su sesión de entrenamiento cuando llegó Rosie.

—¿A qué le debo el honor? —dijo al verla.

—Benito, Jamie está en la cárcel —dijo ella agitada.

Benito ya lo sabía porque se lo había dicho su madre, a quien la policía le había pedido que verificara la autenticidad de la figura del coyote. Benito también estaba preocupado, pero se molestó cuando Rosie insinuó que la policía "no tenía derecho" de acusar, y detener, a Jamie.

—Perdona, Rosie, pero no es cierto que no tenga derecho. Está haciendo su trabajo, como en cualquier otro país del mundo —dijo Benito con un poco de frialdad.

Esa tarde Carlos estaba en su habitación cuando recibió una llamada. Era Paco Aguilar.

—Necesito hablarte —dijo Paco—. Sé que Jamie está en la cárcel y quiero ayudar . . .

—¿Ayudar? No necesitamos tu ayuda, Paco —dijo Carlos disgustado.

—No, Carlos, no entiendes. Quiero explicarte . . .

—Te entiendo perfectamente. ¡Mantente alejado! —y Carlos colgó el teléfono sin oír más. No quería tener nada que ver con los Aguilar.

Paco, al otro lado de la línea, miró con consternación su teléfono celular. Dio un suspiro y siguió caminando. ¿Qué podía hacer?

Un plan para liberar a Jamie

Del diario de doña Josefa de González

12 de marzo de 1910
Querido Diario:
   Hoy compré una figura bellísima para mi colección de arte de cerámica. Un pobre la vendía en la calle, en el centro. No creo que tuviera la menor idea del valor que tenía—y yo tampoco— y acabé ofreciéndole más de lo que pedía.
   Lástima que aquí en México este arte sea tan poco estimado. Los extranjeros ya vienen en busca de nuestros objetos de arte, sobre todo los precolombinos, y cuando los encuentran, se los llevan casi sin pagar. Y el gobierno no presta atención o, lo que es peor, es cómplice en este trato. Pronto, nos vamos a quedar sin nada.
   Pero me pregunto—y esto sólo te lo confieso a ti—comprando estas cosas, ¿no soy yo también una cómplice?
Hasta la próxima,
Josefa

CAPÍTULO 7

Un descubrimiento inesperado

○ ○ ○

Para Rogelio Salazar no fue un sacrificio venir a Oaxaca para ayudar a Jamie. De hecho, empezaba a pensar en una carrera de detective, algo que jamás había tomado en serio. Tal vez su antiguo trabajo en la biblioteca: los detalles de identificar y localizar cualquier libro, su éxito del verano pasado en el caso Aguilar contra Jamie, estimulaba su nueva ambición. Si ese tonto de Santana, a quien Alcocer había empleado el verano pasado como detective, lo podía hacer, él, Rogelio Salazar, lo podía hacer mejor. Ya se imaginaba su oficina, quizás en la capital, con un letrero en la puerta: "Detective R. Salazar."

La realidad lo despertó de su fantasía. Por el momento no tenía ningún título, ni oficina, ni nada. Pero enfrente estaba la oficina de Archivos Oficiales de Oaxaca, y el

señor Marañón, el archivista, adentro. Notó que Marañón había salido con la cafetera para limpiarla. En la oficina no había nadie. Entró en ella, pero sólo disponía de unos minutos para encontrar el documento que buscaba. Tenía que estar en uno de los ficheros y, en efecto, como por milagro encontró los documentos del Mesón. Éstos indicaban claramente que aunque la dueña de la propiedad era doña Josefa, Silvestre Aguilar era el que pagaba los impuestos.

No se lo podía creer. Rogelio copió los documentos y salió con prisa. ¿Cómo era posible que la policía de Oaxaca no supiera nada de esto? Y si lo sabía, ¿por qué no había hecho nada contra Aguilar? Para Rogelio la respuesta era obvia. Sin duda, como dicen—y no sólo en México—la justicia es igual para todos, pero para algunos, esto no parecía ser el caso.

Cuando le dijeron que podía salir de la cárcel, Jamie estaba algo confundida. Los otros presos, sin duda, no tenían el apoyo que ella recibía. ¿No eran sus casos tan legítimos como el de ella? ¿O quizás no tenían a nadie que los ayudara? De todas formas, ella estaba libre, y eso era lo más importante.

Todos estaban allí para recibirla: Carlos, Rosie, Benito y la licenciada Beltrán. Jamie estaba feliz; sin embargo, las cosas no eran tan fáciles como parecían, y todavía había algunas cosas por resolver. La licenciada Beltrán se lo dijo muy claramente.

—Hasta que los problemas con respecto al Mesón y a la figura no se hayan aclarado, no podrás probar tu inocencia.

Las palabras de Beltrán dejaron al grupo un poco decepcionado. Según la licenciada, una de las condiciones era que Jamie no saliera de Oaxaca. Quizás para aliviar la situación y, por supuesto, para celebrar la puesta en libertad de Jamie, Benito invitó a todos a comer a su casa.

—Será una comida oaxaqueña típica: mole negro, tamales . . . —dijo.

La madre de Benito había preparado una comida riquísima. Se alegró mucho al ver que Jamie también estaba con ellos.

—Sabíamos que se haría justicia. ¡Bienvenida, Jamie!

Benito quería hablar a solas con su madre. Sabía muy bien que la evaluación profesional de la figura del coyote era una de las claves para solucionar la situación de Jamie. Las autoridades siempre contaban con la opinión de su madre en tales casos. Las cuestiones fundamentales eran: si la pieza era auténtica o no, su procedencia y si había sido robada.

El muchacho estaba preocupado. Si la figura fuera robada, ¿qué implicación tendría para Jamie y sus amigos? Benito ya sentía cariño por el grupo, y en particular, por Rosie. Él sabía perfectamente que su madre se daba cuenta de ello, pero, al mismo tiempo, su evaluación de la figura sería totalmente profesional, como debía ser.

Antes de que su madre saliera para el trabajo, Benito le preguntó aparte, en la cocina:

—¿Sabes algo ya sobre la figura?

—Todavía no. En dos o tres días lo sabré con seguridad —respondió la señora López.

La comida fue un gran éxito. Todos estaban felices con la puesta en libertad de Jamie y con los estómagos llenos de la riquísima comida oaxaqueña.

—¡Podríamos ir a ver los bailes de la Guelaguetza! —sugirió Carlos.

—¡Sí, sería maravilloso! —dijo Jamie.

Y salieron para seguir celebrando la ocasión.

Era un restaurante sencillo y no muy grande, donde todas las noches se representaban los tradicionales bailes de la Guelaguetza. La Guelaguetza es una de las celebraciones más importantes de Oaxaca. Cada año representantes de las siete regiones de Oaxaca se reúnen para recordar y compartir sus tradiciones, música, bailes y productos típicos.

Las dos parejas se divirtieron mucho. Carlos le dedicó una canción a Jamie, lo que le recordó ese momento en Querétaro, el verano pasado, cuando Carlos cantó con los

Mariachis en su honor. Después Carlos y ella fueron a Los Lavaderos en el exconvento de Santa Catalina. Solos en ese lugar, con el ritmo tranquilo del agua de la fuente, los dos se pusieron sentimentales. A Jamie le era difícil resistir el cariño que le mostraba Carlos y que ella también sentía por él. Pero, al mismo tiempo, sabía que todavía les quedaban muchos obstáculos.

—Parece que nuestra relación siempre se complica con otros problemas. Y tú, aquí en México . . . y yo, allá, en el otro lado —dijo Jamie.

Carlos trató de mantener una actitud positiva.

—Lo sé. Pero ahora estamos juntos otra vez, ¿no? —dijo, con esa sonrisa que Jamie siempre encontraba tan irresistible. Pero ella siguió en plan práctico.

—No sé, hay cosas en las que tenemos que pensar. ¿Cómo continuarás tu trabajo en Operación Aztlán? ¿Cómo terminaremos nuestros estudios? ¿Y mi familia?

Pero Carlos no consintió que nada rompiera la felicidad del momento.

—Jamie, ya encontraremos respuestas a todo eso —dijo.

A pesar de todos los problemas multiculturales y tan difíciles por los que estaban pasando, eran dos jóvenes enamorados, lejos de casa, en un lugar sumamente romántico. Empezaron a jugar y a reír como niños, y ni el agua tan fría de la fuente pudo enfriar el entusiasmo del momento.

Oaxaca
Queridos mamá y papá:

¡Qué vergüenza tengo por no haberles escrito antes! De acuerdo a la telefonista del hotel, ya sé que ustedes han tratado de llamarme, pero he estado muy ocupada tratando de solucionar lo del Mesón y también el misterio de la figura del coyote. Pero estoy sana y salva y, además, cuento con el gran apoyo de todos: Carlos, Rosie, la licenciada Beltrán, Rogelio.

Resulta que el Mesón era efectivamente propiedad de la abuela de papá, aunque curiosamente no estaba incluido en su testamento. Las autoridades están investigando todavía. Ya les diré más una vez que todo esté aclarado.

Rosie ha entablado amistad con un joven de aquí, hijo de una arqueóloga que trabaja en el Museo Rufino Tamayo. Aunque es bastante serio, es un buen chico. Carlos sigue con todas las cualidades de las que les he hablado tanto en el pasado.

Esta carta es breve, lo sé, pero mejor es esto que nada, ¿no? Ya les seguiré contando más cosas. Dentro de unos días tendré información más concreta.

Oaxaca es una maravilla. Ahora entiendo mejor por qué le gustó tanto a la bisabuela.
Con mucho cariño, su hija,
Jamie

Un descubrimiento inesperado

En un momento de descanso, Aguilar estaba jugando al billar con sus asistentes. Miranda, que los observaba nerviosamente desde una esquina de la habitación, buscaba el momento adecuado para darle al diputado las malas noticias.

—Don Silvestre, siento decirle que a la gringa la han sacado de la cárcel —dijo con un tono serio.

Aguilar no mostró sorpresa. Pero sí le sorprendió lo que le dijeron sobre la figura del coyote, la cual siempre había creído que se trataba de una copia.

—Ahora dicen que podría ser la auténtica. Es la vasija del coyote —dijo uno de los asistentes.

—¡La vasija del coyote! ¿Ésa que no es una de las figuras que teníamos en la antigua Hacienda La Jacaranda? —preguntó Aguilar con sorpresa—. ¿Qué? ¿No nos llevamos todo a la nueva casa de Querétaro cuando le entregaron las propiedades a la gringa?

—Eso es lo curioso. Alguien se la envió. Alguien muy cercano a usted, don Silvestre —opinó uno de los asistentes.

—Hmm . . . ¿un traidor? —murmuró Aguilar.

Los asistentes se miraron porque eran ellos mismos quienes tenían acceso a la casa y Aguilar lo sabía.

—Las autoridades quieren terminar con ese negocio tan importante que empezó mi padre. Pero no quiero pánico. Todavía tengo algunos negocios por terminar.

El diputado sabía que no podían continuar usando el Mesón por mucho tiempo. Las autoridades estaban haciendo muchas preguntas y todo se estaba complicando demasiado. Sin embargo, había recibido información de que habían descubierto una nueva tumba.

—Debemos de averiguar si contiene piezas valiosas —dijo.

Aunque sus asistentes pensaban que era peligroso y que debían abandonar el Mesón lo antes posible, Aguilar resistió tal idea. Siempre había hecho lo que había querido, y estaba seguro de que nada ni nadie le podía causar problemas.

—No se preocupen. Esta vez todo saldrá bien —insistió.

Aunque Beltrán mantenía una cara de confianza en presencia de los jóvenes, interiormente tenía sus dudas. Era cierto que el verano pasado habían ganado el juicio en contra de Silvestre Aguilar, pero la licenciada, con bastante experiencia en estos casos, nunca creyó que una persona con los recursos de los que disponía el diputado hubiera sido realmente derrotada.

Lo que Rogelio pudo averiguar sobre los impuestos, es decir, que era Aguilar quien los pagaba, era muy importante. Beltrán les explicó a los jóvenes lo que tenían que hacer.

—Voy a darle una copia de estos documentos al comandante Torreón. Ahora lo único que nos falta es verificar si realmente hay tráfico ilegal de arte en el Mesón.

Todos se ofrecieron para ayudar en eso, pero Jamie no podía arriesgar nada. La policía seguía sus pasos muy de cerca.

—Ten cuidado, Jamie —le dijo la licenciada.

Como de costumbre, y para que nadie los viera, Contreras y Miranda habían quedado en verse por la noche. Contreras estaba furioso. Se había dado cuenta de que Aguilar y su gente habían tratado de tenderle una trampa a Jamie González. Y lo que era peor, a él no le

Capítulo 7

había dicho nada de sus planes. Se sentía traicionado, y así se lo hizo saber a Miranda.

—¡No vuelva a buscarme más, gringa malvada! ¡No quiero tener nada más que ver con ustedes!

Miranda sabía que Contreras decía la verdad. Entendía que ya no podían contar con el policía.

—¡Estúpido! —dijo furiosa, y se marchó.

Del diario de doña Josefa de González

20 de marzo de 1910
Querido Diario:

Estoy preocupada. Sebastián ha vuelto a casa muy tarde hoy. Yo no le he preguntado nada, pero sé que últimamente se ha estado reuniendo con un grupo de amigos, liberales. También ha estado hablando de Madero, y creo que se quiere unir a su grupo. Es extraño. Yo nunca me he preocupado mucho por mí, pero no quiero que él corra ningún peligro.

Por ahora, necesito hablar con Pedro Aguilar para ver si me puede acompañar a Oaxaca. He adquirido más piezas para mi colección de arte y quiero asegurarme de que no tendré ningún problema almacenándolas en el Mesón.
Hasta pronto,
Josefa

CAPÍTULO 8
Pesadillas para don Silvestre

🔲 🔲 🔲

De vuelta a casa, Benito estaba nervioso. Su madre lo había llamado por teléfono al Museo porque quería hablar con él esa tarde. Llegó a casa temprano.

—Benito, acabo de llamar al comandante Torreón de la policía —dijo su madre—. La figura que tenía tu amiga es una pieza auténtica precolombina, no tengo la menor duda. Es posclásica, probablemente mixteca, pero no ha sido robada de nuestro museo ni de ningún otro museo en México. Me he comunicado con mis colegas en el Distrito Federal y no hay ningún informe oficial de tal pérdida. Sin embargo, ¿cómo la consiguió tu amiga?

—Mamá, no sé. Jamie dice que alguien se la mandó a Los Ángeles —respondió Benito.

—Muy extraño, porque la pieza vale bastante, ¿sabes? Parece increíble que alguien se la haya mandado así, una pieza de tanto valor . . . —dijo la señora López.

—¡Esto ya parece más complicado que uno de esos laberintos de Borges! —exclamó Benito.

La señora López se levantó. Viendo que su hijo estaba molesto, le tocó el hombro para tranquilizarlo.

—Benito, quiero decirte algo que todavía no sabe nadie. Han descubierto una nueva tumba cerca de Monte Albán. Si hay algún ladrón de tumbas por aquí, allí estará. Quizás ustedes puedan averiguar algo más sobre lo que pasa en el Mesón y si hay alguna conexión.

El comandante Torreón y el policía Contreras se acercaron al hotel donde estaba alojado Aguilar.

—Mira Contreras, esto va a ser delicado. Quiero hacerle algunas preguntas al diputado, pero con pocas expectativas de que las conteste —dijo Torreón.

—Pues, comandante, el diputado es conocido por aquí como benefactor del cuerpo de policía. Cuenta con amistades importantes —murmuró Contreras.

—¿Por qué crees que ando con tanto cuidado? Sabemos que se trata de la exportación ilegal de arte, pero Aguilar es capaz de convertirnos a nosotros en víctimas.

—Entonces, ¿por qué vinimos hasta aquí si usted no espera ningún resultado? —preguntó Contreras.

—Quiero que el diputado y sus ayudantes se den cuenta de que seguimos en la pista. Si se ponen nerviosos, será más probable que cometan algún desliz, algún acto de desesperación —contestó Torreón.

Aguilar estaba descansando al lado de la piscina del hotel, con su gente alrededor. Contreras empezó a hablar.

—Buenos días, señor diputado. Tenemos algunas preguntas que hacerle. Este señor es el comandante Torreón, de la Policía Federal.

—Buenos días, señor diputado. Como usted sabe, existe un comercio ilegal de arte precolombino en México, y sobre todo en esta área —dijo Torreón.

A Aguilar no le gustó el tono del comandante y dijo:

—¿Ha venido hasta aquí para acusarme de algo ilegal?

—No, de ninguna manera, don Silvestre —dijo Contreras.

Como había anticipado Torreón, Aguilar explotó.

—¿Por qué no interrogan a la gringa esa de Los Ángeles? He oído que encontraron un objeto de arte en posesión suya.

—¿Cómo ha averiguado eso? —preguntó Torreón interesadamente.

—Soy un funcionario importante. Y tengo amigos —Aguilar estaba furioso. Continuó: —No se olvide de que su jefe es íntimo amigo mío, y voy a hablarle más tarde.

Las amenazas de Aguilar no le asustaron a Torreón. Cuando salieron del hotel, el comandante sonrió.

—Ves, Contreras, sin intentarlo, ha cometido un pequeño error —dijo con satisfacción.

—¿Cuál? —preguntó el otro.

Pero Torreón no dijo nada más. No le había sorprendido que Aguilar supiera del objeto encontrado en la habitación de Jamie González. Confirmó sus sospechas de que dentro de la policía había alguien que le servía a Aguilar de espía.

Esa noche, después de las preguntas que los policías le habían hecho y la preparación para ver qué objetos se podría llevar de la nueva tumba, Aguilar estaba cansado.

Decidió acostarse temprano. Pero no podía dormir tranquilamente. El viento de afuera se levantó y hubo un ruido que lo despertó. Abrió los ojos pensando que un ladrón había entrado en la habitación, pero, en la oscuridad, vio una figura familiar, una aparición.

—¿Quién es? ¡Ladrón! ¡Asesino! —exclamó alarmado.

La figura de La Catrina se acercó.

—El ladrón eres tú, Silvestre Aguilar —dijo, y Aguilar empezó a temblar de miedo.

—Tu abuelo era mi abogado —continuó La Catrina—. Me ayudó a comprar el Mesón, y él nunca lo incluyó en mi testamento.

—¡No me hables del testamento! —gritó Aguilar furioso—. La gringa lo usó una vez para quitarme las propiedades de Querétaro, y ahora quiere hacer lo mismo aquí. Pero no lo va a conseguir. Y tú, tú no eres más que

un fantasma; ni siquiera existes. ¡Lárgate!

—Ya veremos si existo o no —dijo La Catrina tranquilamente, y se dio vuelta y desapareció en la noche.

Aguilar, horrorizado, miró a su alrededor para asegurarse de que se había ido la figura. Luego se acomodó en la cama otra vez, cubriéndose la cabeza con la sábana.

◐

Jamie convocó una reunión de sus amigos en la casa de Benito. Era obvio que la policía quería proceder lentamente. ¿Cómo sería posible denunciar a Aguilar y probar su propia inocencia?

—La policía dice que no tiene suficientes pruebas para implicar a Aguilar en las actividades del Mesón —dijo Jamie.

Benito les describió un plan que él tenía para atrapar a Aguilar.

—Han descubierto una nueva tumba cerca de Monte Albán —les explicó—. Los arqueólogos van a empezar las excavaciones mañana.

Su plan era el siguiente: si el Mesón era un almacén para objetos que se obtenían ilegalmente, podrían averiguar quién los robaba para Aguilar.

Algunos dudaron que el diputado, ya bajo sospecha, fuera tan tonto como para robar objetos de una nueva tumba. Pero Rosie tenía una opinión contraria. Entendía que la avaricia de Aguilar no tenía límite.

—Sin duda esta nueva tumba será una gran tentación —dijo.

—Primero tenemos que encontrar al ladrón que trabaja para Aguilar —dijo Benito.

El joven conocía a todos en Oaxaca y averiguó, a través de uno de sus amigos, que había un hombre que se llamaba Espinal, que llevaba cosas regularmente al Mesón. Según el contacto de Benito, podrían identificarlo porque solía llevar un pañuelo rojo en la cabeza.

Los jóvenes decidieron que ellos mismos darían la información a la policía. Pero cuando la presentaron al comandante Torreón, éste la recibió con poco entusiasmo.

—Ayer hablamos con un hombre que nos dijo que un tal Espinal lleva y trae objetos de arte al Mesón. Ah, y sabemos que Silvestre Aguilar ha estado pagando los impuestos del Mesón —explicó Jamie.

—¿Así que ahora está investigando por su cuenta, señorita González? —dijo Torreón con un poco de sarcasmo—. Le recomiendo que nos deje hacer las investigaciones a nosotros.

Pero Jamie no pudo callarse.

—Pero, ¿por qué no han arrestado a Aguilar? ¿No es obvio que él es el responsable?

—No tan obvio. Hasta ahora ha sido imposible probar algo en contra suya —respondió Torreón, y añadió: —Manténganse alejados de Silvestre Aguilar.

Los jóvenes se marcharon, un poco desilusionados.

"Tendrán razón éstos" pensaba Torreón, "pero son unos inocentes." Descolgó el teléfono.

—Mi General, aquí Torreón. Sí, exactamente . . . en Oaxaca. Es que, temo que nuestro plan de observar el Mesón . . . sí, el Mesón aquí en Oaxaca . . . no es suficiente —murmuraba—. No claro, usted es el que manda. Bien, seguiremos como usted dice, poco a poco.

Torreón colgó el teléfono.

"Alguien le habrá dicho algo" pensaba. "Y no podemos hacer nada sin permiso de este . . . cobarde."

Las palabras de su padre lo sorprendieron.

—Quiero que vengas conmigo a nuestra casa en España. Prepárate —le dijo Aguilar a su hijo. No fue una invitación sino una orden.

—"¡Prepárate!" ¿Por qué esta salida tan repentina? —preguntó Paco. Y por un minuto pensó en España.

A Paco le gustaba la casa, un chalet, que la familia tenía en el norte de Madrid. ¡Cuántos recuerdos tenía de cuando era niño! Solían pasar allí las vacaciones de primavera. Su madre, que todavía en aquel entonces no se había enfermado, tenía la costumbre de llevarlo de paseo al monte detrás del chalet.

Después de la muerte de su madre, Paco y su padre iban menos a la casa, que por un tiempo alquilaron para no tenerla vacía.

—Está bien, papá. No sé lo que pasa en tu negocio. No quiero saberlo. Pero no quiero que le ocurra nada más a Jamie —dijo Paco.

Una expresión de asombro apareció en la cara del padre.

—Pero hijo, ¿por quién me tomas? Puedo asegurarte que no le va a pasar nada a esa pobre de Jamie.

Aunque no lo dijo en ese momento, Paco ya no confiaba tanto en las promesas de su padre. Había decidido que había cambiado, ya no era un niño . . . y la idea de acompañar a su padre a Madrid no le gustaba nada.

Del diario de doña Josefa de González

5 de abril de 1910
Querido Diario:
   *Sebastián está totalmente decidido a unirse a
los de Madero. Es muy joven y yo no quiero que
se vaya todavía, pero él insiste. Estoy triste pero
también orgullosa de que él tenga tales ideales.
Me siento sola y extraño muchísimo a Miguel.
Quizás él también hubiera estado orgulloso de su
hijo.*
   *Al mismo tiempo sigo con mis dudas sobre el
éxito que pueda tener Madero en las elecciones.
Aunque es un señor muy bueno (y muy rico),
como persona, es bastante débil. ¿Cómo va a
convencer a un país como México de que él será
un líder para estos tiempos? Pero algunos de
mis amigos creen que Madero, después de todo,
siendo bastante joven, es capaz de hacerlo. Espero
que sí. Ya veremos.*
Hasta la próxima,
Josefa

CAPÍTULO 9
¡Peligro!

Rosie no había venido a México en busca de un romance de verano. Había venido más que nada para acompañar a Jamie. Su programa de estudios requería ir a un país extranjero para estudiar los diferentes sitios arqueológicos, pero sus pocos días en Oaxaca habían sido una simple introducción. Tendría que volver y quedarse más tiempo; ahora que había conocido a Benito, tal necesidad le parecía más atractiva.

Benito no era como otros muchachos que había conocido antes. Con él podía hablar, y también le gustaba escucharle. Y lo curioso era que el joven no era demasiado hablador, pero poco a poco iba teniendo más confianza con Rosie.

Cuando volvieron de su paseo por el centro, Benito la invitó a comer a su casa. Normalmente Rosie no habría aceptado tal invitación, pero con Benito la joven se sentía cómoda.

Mientras Benito terminaba de preparar la comida, Rosie miraba unas fotos familiares que había en la sala. Se fijó en una foto en la que su amigo aparecía con sus padres.

—Parece que cuidas bien a tu mamá —comentó Rosie.

—Bueno, desde que mi padre murió, mi mamá ha trabajado mucho para mantenernos a los dos. Por eso yo trato de ayudar siempre que puedo —dijo Benito. El muchacho también expresó interés en el programa de estudios de Rosie en USC. Ella no estaba acostumbrada a que le hablaran así, y le gustó. Benito quería saber si los dos podrían escribirse después de que Rosie volviera a Los Ángeles, y ella contestó que sí.

—¿Y tu amigo de Los Ángeles, no te estará esperando? —preguntó Benito con una sonrisa.

Cuando Rosie le explicó que Erik tenía otras amigas, Benito respiró con alivio, sonrió, y los dos empezaron a comer.

Jamie aprovechó un momento que estaba a solas para reflexionar. Todo parecía apuntar a que Aguilar usaba el Mesón como almacén de objetos sacados ilegalmente de las ruinas y tumbas cercanas de Monte Albán, Mitla y probablemente, otras más al sur. Pero no podían hacer nada sin pruebas. Tenía que haber una manera de atrapar al ladrón.

La procedencia de la vasija silbadora con coyote era otro misterio que todavía tenían que solucionar. Sin duda, alguien le quería causar problemas a Jamie. Quizás no debería haber traído la figura a México, pero, ¿quién le iba a decir que le causaría tantos problemas?

Si alguien quería encontrarla en posesión de la figura, ¿por qué esperar a que fuera a Oaxaca? Esto también habría sido posible en Los Ángeles. Y además, ¿quién le había informado a la policía de Oaxaca de que ella tenía el objeto?

El teléfono de su habitación interrumpió los pensamientos de la joven.

—¿Paco? Hola, ¿cómo estás? —dijo Jamie sorprendida por la llamada.

—Jamie, necesito verte. Tengo algo importante que decirte —dijo Paco, y preguntó: —¿Nos podemos ver en el Zócalo a las tres?

Jamie se reunió con Carlos para contarle lo que le había dicho Paco.

—¿Quieres venir conmigo? —le preguntó.

—Por supuesto que quiero ir contigo —respondió Carlos sin dudarlo.

El encuentro con Paco resultó ser una sorpresa.

—Quería decirles algo, una confesión. Yo fui el que te envió la figura del coyote —dijo avergonzado.

Y salió la verdad: que había encontrado el coyote en el hotel La Jacaranda de San Miguel hacía tiempo, que lo había guardado en su habitación en la nueva casa que su padre y él tenían en Querétaro, y que era él el que se lo había mandado a Jamie, sin remitente ni nada.

—Pero Paco, ¿por qué? —preguntó Jamie.

—Jamie, yo mismo no estoy seguro del por qué. Fue un impulso; no sabía cómo ibas a reaccionar. La mandé por . . . respeto y . . . —pero ya no podía continuar y añadió: —Jamie, perdóname. Me voy con mi padre a España. El pobre necesita un descanso.

Ante su admisión tan honrada y emocionante, ni Jamie ni Carlos podían culparle de nada.

—Paco, buena suerte —le dijo Carlos.

—Y gracias. Muchas gracias —añadió Jamie.

Unos días más tarde, Benito volvió a servir de guía al grupo, esta vez para mostrarles la casa en Oaxaca donde había vivido Benito Juárez. Les explicó algo de la vida de este zapoteca de las montañas, que más tarde se convertiría en un héroe nacional.

—Deben entender que en esa época los indígenas tenían pocas oportunidades. Juárez luchó por sus ideales y triunfó sobre todos los obstáculos —dijo.

Al llegar adonde estaba el monumento a Benito Juárez, Carlos y Jamie se apartaron de los otros para hablar.

—Jamie, tengo que decirte algo —dijo Carlos mostrándole una carta a Jamie—. Es una beca para seguir mis estudios de ecología en Puerto Rico. Puedo asistir allí después de graduarme.

Con las recomendaciones del director de Operación Aztlán, él había pedido una beca para estudiar ecología en una universidad en Puerto Rico. Era la primera vez que iba a salir de México, pero Carlos sabía que con experiencia en el extranjero tendría más oportunidades de trabajar en su especialidad.

Pero Carlos no había olvidado a Jamie en sus planes.

—Esta universidad tiene un programa de español muy bueno —le dijo. Jamie podría solicitar una beca también, y así los dos podrían ir allí después de terminar sus estudios.

Los dos estaban tan felices. Todo esto parecía un sueño, pero un sueño posible del que no se querían despertar.

Esa noche Jamie habló con Rosie de lo que le había dicho Carlos.

—No sé, Jamie. Estas amistades a larga distancia son muy difíciles, ¿no? —dijo su amiga.

Pero lo que sugirió Carlos ya no era "una amistad a larga distancia," y así lo entendió Jamie. Por primera vez, existía un plan para los dos, para estar juntos y seguir con sus estudios. Puerto Rico, la isla natal de la madre de Jamie, siempre le había fascinado pero nunca había estado allí.

Las dos jóvenes, cada una pensando en su futuro, ya no podían aguantar tanta seriedad. Empezaron a reír.

Aunque la licenciada Beltrán les había advertido del peligro, los jóvenes salieron esa noche en el cochecito de Benito sin preocuparse demasiado. Iban a observar, nada más, para averiguar qué hacía Espinal, el del pañuelo rojo. Siempre podían llamar a la policía. Pero la noche resultó un desastre, sobre todo para Rogelio. Jamie y Carlos se quedaron en el coche, pero Rogelio insistió en acompañar a Benito y Rosie hacia la nueva tumba.

—¿Y yo no cuento? —preguntó con insistencia—. Yo también debo ir. ¡Aguilar no se escapará!

La escena fue como de cine. En la oscuridad, pudieron ver a Espinal sacando algunos objetos de una tumba cercana. Uno de los asistentes de Aguilar estaba junto a él, vigilándolo. Todo parecía ir bien cuando, de repente, Rogelio resbaló y fue descubierto por la gente de Aguilar. Rosie y Benito, alarmados, dudaron un momento, pero corrieron y lograron escapar. El pobre Rogelio no tuvo tanta suerte.

—¡Ayúdenme! ¡Señor, señor, ayúdeme! —gritó sin éxito.

Benito les explicó a Carlos y a Jamie lo que había pasado.

—La gente de Aguilar casi nos captura a Rosie y a mí, pero el pobre de Rogelio no pudo correr y se lo llevaron con ellos. Espinal estaba allí, lo ví con un pañuelo rojo en la cabeza.

—Tenemos que hablar con la licenciada Beltrán, y decírselo a la policía —exclamó Jamie.

Paco Aguilar caminaba cerca del Mesón cuando oyó ruidos y voces. Mirando adentro, por la ventana, vio que los asistentes de su padre traían por la fuerza a Rogelio Salazar, el de Querétaro.

"¿Pero qué tonterías hacen éstos?" pensó.

El joven salió con prisa en dirección al hotel. No entendía por qué habían capturado a Rogelio, y le dio miedo por lo que podría pasarles también a Jamie y a Carlos. Tenía que encontrar un momento adecuado para hablar con su padre.

Del diario de doña Josefa de González

4 de octubre de 1910
Querido Diario:
  En este viaje a Oaxaca no pienso llevarte conmigo. No creo que tenga tiempo de escribir y, en cualquier caso, en las condiciones en las que estamos, no quiero correr el riesgo de perderte. No te lo vas a creer, pero, for fin, voy a viajar en tren; será interesante. Es una de las cosas de las que están orgullosos los porfiristas, quizás con razón. Dicen que son maravillosos, mucho más cómodos que las diligencias. No sé. Pedro ya ha hecho varios viajes y dice que es cierto, y que llegan más o menos a tiempo. Pero, yo no lo creo.
  Sebastián me preocupa. Hace ya bastante tiempo que no he sabido nada de él. Siempre tan idealista. En estos tiempos, decir la verdad no es fácil. Espero que no se deje llevar por sus sentimientos y que no se meta en problemas.
Bueno, hasta la vuelta,
Josefa

CAPÍTULO 10
El último secreto

La policía llegó al Mesón en el mismo momento en que entraban Espinal y uno de sus ayudantes. Detuvo a los dos y se los llevó a la estación de policía. Si los oficiales hubieran entrado en el Mesón, habrían descubierto a Rogelio atado a una silla en el sótano. Pero, primero, querían interrogar a los ladrones, y sobre todo a Espinal que traía piezas, aparentemente recién desenterradas de la nueva tumba.

Resultó que Benito y los jóvenes habían tenido razón: Espinal les dijo todo a los policías, que era un simple intermediario y que "sacaba" piezas de varios lugares desde hacía tiempo. Estas piezas se las entregaba a los empleados del Mesón; todo era para un tal don Silvestre, quien, según Espinal, le pagaba muy poco para el peligro que corría.

—Ya lo tenemos —dijo Torreón. Contreras estaba allí también y sintió un gran alivio. Por lo menos no tendría que preocuparse pensando en la posible venganza de Aguilar.

El comandante Torreón mandó salir a todos, descolgó el teléfono y marcó un número en la capital.

—Sí, mi general, ahora tenemos al huaquero, es de aquí . . . quiero decir que tenemos preso al ladrón y que admite haber robado piezas para Silvestre Aguilar.

Torreón no oyó ninguna respuesta y creyendo que la línea había sido interrumpida, habló más fuerte.

—Oiga, oiga . . . ¿bueno, General? ¿Está usted ahí?

—Sí . . . un momento.

Después de otro silencio largo, Torreón oyó las palabras que había esperado desde hacía mucho tiempo.

—Ahora pueden detenerlo —dijo el general.

Para Rogelio estar preso y atado a una silla fue toda una pesadilla. ¿Qué esperaban de él? No lo maltrataron, nada de abuso físico y mucho menos de tortura, pero lo que le dio más miedo fue Miranda, la asistente, una mujer de la que creía que estaba loca.

—Escucha, Rogelio. Siempre me has gustado —dijo Miranda—. Sí, me gustan los tipos intelectuales. Desde que te vi en la oficina de Archivos Oficiales, sabía que quería conocerte mejor.

Capítulo 10

Su simulación de tenerle cariño era obviamente falsa. Sólo quería averiguar si Rogelio sabía algo del Mesón. Y cuando ella se dio cuenta de que él no iba a decirle nada, se disgustó y lo dejó solo.

Rogelio aprovechó la oportunidad para desatarse de la silla. Buscando una manera de escapar, vio una caja con una etiqueta que decía: "1910." Adentro en un archivo, encontró unas hojas sueltas, escritas a mano, como de una carta personal. Además había una pluma de avestruz, bien conservada, una de esas que las mujeres de la época empleaban en sus sombreros elegantes. Rogelio leyó la carta; sabía que tenía que dársela a Jamie.

Antes Paco no sabía si podía confiar en las palabras de su padre: "Puedo asegurarte que no le va a pasar nada a esa pobre de Jamie." Pero con Rogelio hecho preso por los asistentes tontos de su padre, y la policía acercándose cada vez más al "negocio," Paco estaba convencido de que todo iba a terminar en un desastre. Decidió que no podía ignorar los hechos. Primero tenía que hablar con Jamie.

La encontró en el centro, cerca de su hotel.

—¿Qué pasa, Paco? —preguntó Jamie, un poco preocupada por la urgencia que vio en la cara del joven.

—Escucha: sé adónde han llevado a tu amigo Rogelio —dijo—. Lo encontrarás en el sótano del Mesón.

Le explicó que había una puerta secreta que se usaba para ir y venir sin que nadie se diera cuenta.

Entonces Paco, mirando a su alrededor, vio a uno de los asistentes de su padre.

—Tengo que irme; nos están vigilando —y se despidió de Jamie, marchándose rápidamente.

Estaba enojado porque alguien—¿su padre?—hubiera mandado que lo siguieran. Decidió hablar con él.

—¿Qué crees que haces? Yo soy tu padre . . . —gritó Aguilar al entrar Paco en la habitación. Sin duda le habían informado de sus movimientos.

Paco le confesó todo, que había hablado con Jamie, y que fue él quien le había enviado la figura del coyote.

—¿Tú? ¿Pero por qué, Paco? —preguntó su padre incrédulo. Un dolor casi físico lo invadió. No podía creer que su único hijo lo hubiera . . . traicionado.

—Pensé que debería tenerla, ya que había pertenecido a su bisabuela. No sabía que haría surgir todo esto.

Por un segundo el hijo se conmovió ante la emoción que demostró su padre.

—Todo lo hice por ti, por nosotros, ¿y me correspondes de esta manera? —dijo Aguilar, y siguió: —Pero no seré vencido; ni por ti, ni por Jamie González, ni por nadie. ¡Así que haz tu maleta! ¡Nos vamos para España!

—No, papá, no voy contigo —a Paco le costó mucho decirlo, pero estaba decidido. Y se marchó.

Su hijo nunca había sido tan rebelde. Los dos entendieron que las cosas nunca serían como antes.

El próximo paso fue aun más difícil para Paco Aguilar. Quería hablar con Carlos, quien, después de todo, había sido su amigo en la escuela primaria. Decidieron reunirse a solas, sin que los otros los vieran.

—Carlos, ¿Jamie ya te habrá dicho . . . ? —Paco habló lentamente, no estaba seguro de cómo lo recibiría Carlos.

—Sí, Paco, Jamie acaba de decirme que habló contigo, y me contó lo de tu ayuda.

—Pues quería decirte que pase lo que pase, nunca intenté causarte daño, y que yo no tuve nada que ver con lo del restaurante, nunca fue mi intención . . .

—Entiendo, Paco. Te creo y te lo agradezco —dijo Carlos—. No tienes por qué disculparte. Y estoy seguro de que Jamie diría lo mismo.

—Sí, Jamie —Paco dio un suspiro—. No me gustaría que ella pensara mal de mí.

—Paco, no te preocupes. Me doy cuenta desde hace tiempo que te gusta Jamie y que le tienes simpatía. Pero sabes —continuó Carlos—, que ella y yo estamos pensando en tener un futuro juntos.

—Sí, entiendo, y quería decirte que cuando termine todo esto, espero que podamos reanudar nuestra amistad.

Carlos lo interrumpió y le dio un abrazo. Por supuesto que podrían volver a ser buenos amigos.

Con la información obtenida de Paco, la policía logró rescatar a Rogelio sin problemas, y a la vez, detener a los asistentes de Aguilar.

—Rogelio, ¿cómo estás? —le preguntó Jamie. Ella había llegado al Mesón junto con Carlos, Benito y Rosie.

—Estoy un poco aburrido. ¡Y tengo hambre! Jamie, mira lo que encontré: esta pluma y esta carta. Se trata de Aguilar, de su abuelo, y de ¡La Catrina! —y Rogelio le mostró las cosas que había encontrado en el sótano del Mesón.

Jamie, sorprendida, tomó la pluma y la carta y entró, por primera vez, en el Mesón. Miró con asombro las piezas arqueológicas que había allí, y luego se sentó para leer la carta de su bisabuela. Eran unas hojas de papel, escritas en Oaxaca, pero claramente destinadas para su diario.

Del diario de doña Josefa de González

15 de noviembre de 1910
Querido Diario:
   Aquí estoy en mi nueva casa, el Mesón del Jaguar en Oaxaca. Es el antiguo nombre que aquí tiene y no lo voy a cambiar. ¡Qué bello es el

lugar! Lástima que lo tenga que dejar por ahora, pero tengo muchas cosas que hacer en Querétaro. Además, unos amigos me han invitado a un baile en la Casa de la Marquesa. Pero no voy a quedarme allí por mucho tiempo, tengo otros compromisos.

Sin embargo hay algo muy extraño que pasa aquí que no entiendo. El secretario de la oficina de Archivos Oficiales es una persona liberal, tal vez partidario de los de Madero. Él dice que Aguilar está muy opuesto a las ideas revolucionarias y que está conspirando con los porfiristas. Eso sí sería una traición, porque él sabe cuáles son mis ideas políticas, y nunca me ha dicho una palabra. Pero es verdad que siempre ha hablado de los cambios y el progreso bajo el General Díaz.

Pero también pueden ser rumores, chismes. ¿Quién sabe? En esta época la gente está muy nerviosa. Díaz se ha puesto muy duro y más dictador, a pesar de haber jurado la democracia. Todo el país está en caos. En el norte están los Dorados, soldados de Pancho Villa, y en el sur Emiliano Zapata está empezando a organizar un ejército de guerrilleros.

Con las cosas como están en México, me preocupo por Sebastián. Todavía no tengo noticias suyas. Sin nadie ahora en Querétaro, había contado con Aguilar como mi amigo de confianza.

El último secreto

Pero ahora no estoy segura de nada. No sé
qué hacer.

Temo por mi vida, ya no puedo confiar en
nadie—y menos en mi abogado, don Pedro
Aguilar. Sin embargo, tengo que volver a
Querétaro mañana, tengo una cita con él.
Josefa de González

Jamie nunca pudo explicar lo que le pasó exactamente, si lo había soñado o si había tenido una especie de revelación. Pero como les contó a sus amigos después, mientras leía lo que su bisabuela había escrito, tocando el anillo que colgaba de su cuello, a lo lejos, oyó el son de una melodía familiar. Entró Pedro Aguilar al salón de un lugar muy elegante donde había un baile. Poco después, llegó doña Josefa con uno de sus seguidores, ella con un vestido de color negro. Se sentó, hablando un poco con otros invitados, y se le acercó Pedro Aguilar. Le pidió que bailara con él, y ella aceptó aunque con poco entusiasmo. No podía negarle el baile porque, después de todo, era su abogado. Doña Josefa lo miraba fijamente, como si lo viera por primera vez, este hombre en quien había confiado, y que manejaba sus asuntos legales.

Después de unos momentos, el seguidor de doña Josefa le indicó que era hora de marcharse. Pedro Aguilar se despidió de ella. Mientras ella hablaba con los

anfitriones, él salió a la calle. Buscó afuera a alguien, le hizo una señal con la mano y se fue rápidamente.

La Catrina y su seguidor salieron a la calle. Oyeron un ruido pequeño; La Catrina miró a un lado y vio a una persona en la oscuridad. Al ver la pistola que llevaba en la mano, se dio cuenta de que habían sido traicionados.

Se oyó un disparo, y luego otro.

Una pluma del sombrero de La Catrina cayó, lentamente, al suelo.

Jamie, como despertando de un sueño, se dio cuenta de que tenía lágrimas en los ojos. Había descubierto el último secreto.

Capítulo 11
La nueva Catrina

◘ ◘ ◘

Silvestre Aguilar estaba esperando su vuelo para España en el aeropuerto de Oaxaca. Después de hacer sus maletas, había ido al aeropuerto sin pensar demasiado en la discusión que había tenido con su hijo. Sólo quería un descanso, tiempo para reflexionar, quizás, en otro "negocio." En estos momentos no quería tener nada que ver con el Mesón, y menos con Jamie González.

Pero sus deseos no se hicieron realidad. Llegó la policía y también Jamie y Carlos. Aguilar no esperaba verla allí. Ante el asombro del diputado, la joven aprovechó para decirle algo que había estado deseando durante algún tiempo.

—Usted me ha hecho daño, y también a mi familia y mis amigos. Pero pronto acabará todo.

Aguilar no pensaba que tenía que hablar con ella y así se lo dijo, pero Jamie continuó.

—Ya sé lo que realmente le pasó a mi bisabuela. Usted y su familia se han hecho ricos y poderosos con las propiedades de ella . . . las mías. Ahora estoy recuperando—otra vez—lo que nos pertenece.

Al diputado no le importaba lo que Jamie estaba diciendo. Según él, la pobre muchacha no sabía nada de lo que realmente había pasado con su bisabuela, aunque después de fijarse en el anillo de La Catrina que Jamie llevaba colgado del cuello, no estaba tan seguro. De todas formas, él era un hombre rico y poderoso, y con amigos, y ella tan sólo una visitante extranjera sin importancia.

Fue entonces cuando llegó Paco. Había oído que habían arrestado a los asistentes de su padre y quería hablar con él de lo que iba a pasar. Cuando vio al diputado rodeado de los policías, estaba alarmado, aunque no sorprendido.

El comandante Torreón había estado escuchando la conversación entre Jamie y Aguilar. Por fin, decidió intervenir.

—Queda usted detenido, señor Aguilar. Venga con nosotros.

El diputado estaba perplejo. No estaba acostumbrado a que lo trataran de esta manera.

—Paco, ¡llama a mi abogado! —le gritó a su hijo.

Esa noche, los jóvenes se reunieron en casa de Benito para ver las noticias. Se sentaron enfrente de la televisión y escucharon a la locutora.

—El diputado de Querétaro, Silvestre Aguilar, ha sido detenido en el aeropuerto de Oaxaca. Las autoridades lo acusan de traficar ilegalmente con arte precolombino.

La locutora también dijo que Demetrio Alcocer y su asistente, Rogelio Salazar, que habían sido ilegalmente despedidos, habían sido reintegrados a sus puestos en la biblioteca, lo que alegró mucho a Jamie.

Rosie estaba callada. Miró a Benito una vez; éste estaba sonriendo. Todo se había aclarado, y el joven sentía un gran alivio.

La cara de Carlos se iluminó cuando oyó que también estaban investigando la influencia de Aguilar en la cancelación de préstamos al restaurante El Arcángel. Todo parecía indicar que Aguilar había ejercido una especie de venganza por asuntos personales. Como siempre había intuido, sus sospechas en contra de Silvestre Aguilar eran fundadas. Ahora, todo podría volver a la normalidad.

Del diario de doña Josefa de González

22 de noviembre de 1910
Querido Diario:
He vuelto a mi querido Querétaro. Y de verdad, ¡cuánto me alegro de estar aquí! Por más que me gustaba Oaxaca, ya estaba cansada de viajar.

Aquí todo sigue, por el momento, más o menos igual. María Elena también va a ir al baile esta noche. Hace mucho tiempo que no la veo y me gustaría hablar con ella.

Sé que falta aquí la página con lo que pasó en Oaxaca. La tengo escrita pero no sé dónde está. Lo más seguro es que, con las prisas, la haya dejado en el Mesón.

Pedro dice que ha añadido el Mesón al testamento y que dentro de unos días estará listo para que yo lo firme. ¡Qué triste es arreglar las cosas para la muerte de una misma! Pero tengo que hacerlo.

Adiós, querido Diario. Hasta la próxima,
Josefa

Carlos había llamado a Benito para que se reuniera con él en el centro de Oaxaca. ¿Qué le querría decir? Le había parecido que Carlos estaba nervioso, pero, quizás, fuera tan sólo su imaginación.

Al llegar a la plaza, vio a Carlos a lo lejos, dando vueltas de un lado a otro y con la cabeza baja, pensativo. Benito se le acercó.

—Carlos, ¿todo va bien? —le preguntó Benito—. Te ves nervioso.

—No, no son nervios . . . o quizás sí. No sé —respondió Carlos, y continuó: —Quiero que lleves hoy en la tarde a todos a la plaza. Tengo una sorpresa para ellos.

Benito no podía entender lo que le pasaba a su amigo, pero, sin duda, debía de ser algo serio. Consintió en llevarlos a todos allí por la tarde.

Oaxaca
Queridos papá y mamá:

¡Todo aquí ha pasado tan deprisa! Cada día me despertaba con intención de escribirles otra carta y contarles más cosas pero, por un motivo u otro, ha sido imposible. Pero con Silvestre Aguilar detenido, tengo unas horas de descanso antes de salir con Rosie y Carlos para Querétaro.

Nos vamos a quedar unos días allí antes de regresar a Los Ángeles. Rosie no ha estado nunca allí y estoy segura de que le va a encantar. Además también quiero saludar a los padres de Carlos.

Tengo tanto que decirles que no sé por dónde empezar. Primero, estoy bien . . . algo cansada, pero con buena salud. Igual Rosie, que ha sido una magnífica compañera en todo momento.

La señora López estaba feliz cuando le dije que había hablado con ustedes y que estaban de acuerdo con su idea de convertir el Mesón en un Centro de Estudios de Arte precolombino e indígena. Será patrocinado por el Museo.

Como ya sospechábamos, Silvestre Aguilar usaba el Mesón como almacén de objetos de arte obtenidos ilegalmente. Parece increíble que un diputado haya violado las leyes de su país así, pero como dicen, a veces la vida parece un sueño—o mejor dicho, en este caso, una pesadilla.

El misterio de la figura del coyote también está solucionado. Me la mandó Paco Aguilar como un regalo de afecto, pero, como ya sabemos, no escribió nada. Él mismo no lo comprende pero yo creo que con todo lo que pasó en Querétaro el verano pasado, no sabía qué escribir. La verdad es que Paco nos ha ayudado aquí muchísimo.

Ah, un secreto pero, por favor, no digan nada de esto a su familia o amigos, pero parece que hay algo entre Rosie y Benito López, el guía del museo. Los dos son inseparables y me temo que tendré que sacar a Rosie de Oaxaca por la fuerza.

Les quiero decir algo sobre la muerte de doña Josefa, la abuela de papá. Como saben, antes siempre se había creído que murió en la Revolución luchando contra los porfiristas, pero yo estoy segura de que fue traicionada por su abogado, Pedro Aguilar, quien la mandó matar. Los motivos no son claros. Probablemente Silvestre Aguilar sabe algo de lo que pasó. Es posible que, para ganarse el favor de las autoridades, él mismo, desde su celda, revele lo que sabe.

Por cierto, y esto sí que no se lo esperarán, Carlos y yo estamos comprometidos. Todo fue tan rápido. Carlos nos dijo a todos que tenía una sorpresa y que fuéramos todos al Zócalo. Allí, un mimo hacía reír a niños y a mayores con sus trucos. Cuando llegó Carlos, el mimo representó una ceremonia en la que nos casaba a Carlos y a mí. Todo fue muy sencillo y muy bonito. Ya sé que era sólo una representación, pero, quizás, en el futuro se convierta en realidad.

Carlos va a ir a Los Ángeles el mes que viene para conocerlos y pedirles mi mano. ¡Tenemos tantos planes! Ya estoy deseando de que lo conozcan.

Hasta pronto,
Jamie

Jamie puso la carta en un sobre y suspiró felizmente recordando la ceremonia con el mimo. Encima del tocador había un espejo. Se volvió hacia él para mirarse.

Capítulo 11

Pensaba en su futuro con Carlos, y en La Catrina. Quería seguir los pasos de su bisabuela, ayudando a los pobres y luchando contra la injusticia.

Por unos instantes, sus pensamientos sobre La Catrina fueron tan fuertes que le pareció ver su imagen en el espejo. La Catrina, sonriente, la miraba, y Jamie estaba segura de que su bisabuela aprobaba las decisiones que había tomado.

La nueva Catrina estaba feliz. Más feliz de lo que nunca se había imaginado. Y parecía que doña Josefa también estaba contenta con las acciones de su bisnieta.

Notas culturales

Aztlán. Ciudad mítica azteca al norte de México. Usado aquí para referirse al nombre de una organización ecológica.

Borges, Jorge Luis (1899–1986). Distinguido escritor argentino, famoso por sus cuentos que él llamó "ficciones" y que suelen tener una estructura complicada e intelectual.

Casa de la Marquesa. Mansión barroca de Querétaro que perteneció, en la segunda mitad del siglo XVIII, al marqués del Villar y a su esposa, Josefa de Villanueva Freira, a la que debe su nombre.

Catrina, La. Término humorístico para referirse a una mujer mexicana rica. También se refiere a la calavera de la mujer que aparece en el mural de Diego Rivera, "Sueño de una tarde dominical en la Alameda Central."

Científicos, Los. Grupo de consejeros de Porfirio Díaz, que creían en la ciencia y la tecnología para modernizar a México.

Cinco de Mayo. Fecha en la que se celebra la victoria, en el año 1862, del ejército mexicano sobre las tropas francesas de Napoleón III en la Batalla de Puebla.

Díaz, Porfirio (1830–1915). Presidente de México desde 1876 a 1880, y dictador desde 1884 a 1911. Se distinguió en la política mexicana durante la Batalla de Puebla, el cinco de mayo de 1862. Díaz fue derrocado por Francisco I. Madero, a principios de la Revolución Mexicana.

Distrito Federal. Nombre que se le da familiarmente a la Ciudad de México, también conocida comúnmente por la abreviatura "D.F."

Fitzgerald, Francis Scott (1896–1940). Novelista norteamericano del período posterior a la Primera Guerra Mundial. En 1925 escribió *El Gran Gatsby,* un clásico de la literatura norteamericana.

Guelaguetza, La. Fiesta más importante de Oaxaca. Se celebra cada año, en julio, para asegurar una buena cosecha.

Juárez, Benito (1806–1872). Nació en Guelatao, Oaxaca. Hijo de padres zapotecas, llegó a ser presidente de la nueva república. Fue también un líder durante la guerra de la Reforma. Derrotó al emperador Maximiliano, a quien Napoleón III había puesto como jefe del imperio francés en México. Fue reelegido presidente en 1867 y 1871.

Madero, Francisco I. (1873–1913). Presidente de México desde 1911 a 1913. En 1910, encabezó el movimiento que derribó a Porfirio Díaz. Fue derrocado y murió asesinado.

Maximiliano de Habsburgo (1832–1867). Archiduque de Austria, nombrado por Napoleón III "Emperador de México" en 1864. En 1867, abandonado por las tropas francesas, se entregó al ejército de Benito Juárez. El 19 de junio de 1867 fue fusilado en el Cerro de las Campanas, en Querétaro.

Mitla. Centro arqueológico de las culturas zapoteca y mixteca, en el estado de Oaxaca. Los edificios de esta antigua ciudad son famosos por las magníficas decoraciones en piedra de las paredes.

Mixtecas, Los. Civilización amerindia, que se estableció en el estado de Oaxaca. Son famosos por los grabados en piedra, la artesanía y la elaboración de mapas y códices.

Monte Albán. Ciudad arqueológica, en el estado de Oaxaca, ocupada primero por los zapotecas y posteriormente por los mixtecas. Fue una metrópoli política y ritual durante más de dos mil años.

Morelos (pop. est. 616,119). Estado al sur de la Ciudad de México, cuya capital es Cuernavaca. Recibió el nombre en honor del patriota y sacerdote revolucionario José María Morelos.

Oaxaca de Juárez (pop. est. 122,802). Capital del estado de Oaxaca, al sureste de la Ciudad de México. Es una ciudad importante como centro histórico, comercial y turístico.

Palenque (pop. est. 23,205). Importante ciudad arqueológica maya, en el estado de Chiapas. Entre sus edificios más importantes están el Palacio y el Templo de las Inscripciones.

Notas culturales

111

Reforma, La. (1858–1861). Período en la historia de México en el que tuvo lugar la guerra civil entre liberales y conservadores. Los liberales, o juaristas, encabezados por Benito Juárez, lucharon por una reforma en la estructura política del país.

San Miguel de Allende (pop. est. 55,000). Situado en el Bajío, fue establecido por los franciscanos en el siglo XVI. Adoptó su nombre actual en honor de Ignacio Allende, que conspiró junto con el Padre Hidalgo en la guerra de Independencia (1810–1821).

Santa Anna, Antonio López (1791–1876). Presidente de México. Estuvo al mando del ejército mexicano durante la guerra con los Estados Unidos. Se le considera responsable por la pérdida de un gran porcentaje del territorio de México.

Tamayo, Rufino (1898–1991). Gran pintor mexicano nacido en Oaxaca. En su obra, como en la de Diego Rivera, se mezclan elementos del arte precolombino y del folklore mexicano. Es conocido por un estilo abstracto. Tamayo donó su colección privada de arte precolombino al Museo Rufino Tamayo en Oaxaca.

Villa, Doroteo Arango, llamado comúnmente **Pancho** (1878–1923). Guerrillero de Chihuahua, en el norte de México. Llegó a ser general bajo Madero durante la Revolución. Su ejército (los Dorados) luchó en el norte contra las tropas del general Victoriano Huerta. Murió asesinado.

Zapata, Emiliano (1883–1919). Revolucionario mexicano. Líder de la reforma agraria. Los zapatistas, bajo el lema de Tierra y Libertad, lucharon para mejorar las condiciones de los agricultores. Murió en Chinameca, Cuernavaca, después de haber sido traicionado.

Zapotecas, Los. Antigua civilización de México que se estableció en el valle de Oaxaca. Monte Albán fue su capital política y cultural aproximadamente desde el año 500 a.C. hasta el 750 d.C. Los zapotecas abandonaron Monte Albán tras la invasión mixteca.

Fechas y datos históricos

1821	México consigue su independencia de España.
1846–1848	Guerra entre los Estados Unidos y México. Santa Anna vende un gran porcentaje del territorio del norte de México a los Estados Unidos.
1858–1861	Guerra de la Reforma entre los liberales bajo Benito Juárez y los conservadores apoyados por los franceses.
5 de mayo de 1862	El ejército mexicano derrota a las tropas francesas en la Batalla de Puebla.
1864	Napoleón III nombra a Maximiliano emperador de México.
19 de junio de 1867	Los mexicanos bajo Juárez triunfan. Maximiliano es fusilado en Querétaro.
1876–1911	Presidencia de Porfirio Díaz. México vive una etapa de prosperidad económica, pero los problemas sociales no son atendidos.
1910–1920	Fase militar de la Revolución Mexicana.
1911	Porfirio Díaz abandona la capital. Francisco I. Madero, elegido presidente de México.
1913	Madero es asesinado. El general Victoriano Huerta toma el poder.
1917	Promulgación de la Constitución mexicana, que refleja democracia política y reforma agraria.

Verbos

The following verb chart is intended only as a reference for this novel.

Regular verbs

hablar
Present indicative: hablo, hablas, habla; hablamos, habláis, hablan
Present subjunctive: hable, hables, hable; hablemos, habléis, hablen
Preterite: hablé, hablaste, habló; hablamos, hablasteis, hablaron
Imperfect: hablaba Imperfect subjunctive: hablara
Future/Conditional: hablaré/hablaría Present perfect: he hablado
Present perfect subjunctive: haya hablado
Pluperfect: había hablado Pluperfect subjunctive: hubiera hablado
Tú/Ud./Uds. commands: habla, no hables/(no) hable/(no) hablen
Participles: hablando, hablado

beber
Present indicative: bebo, bebes, bebe; bebemos, bebéis, beben
Present subjunctive: beba, bebas, beba; bebamos, bebáis, beban
Preterite: bebí, bebiste, bebió; bebimos, bebisteis, bebieron
Imperfect: bebía Imperfect subjunctive: bebiera
Future/Conditional: beberé/bebería Present perfect: he bebido
Present perfect subjunctive: haya bebido Pluperfect: había bebido
Pluperfect subjunctive: hubiera bebido
Tú/Ud./Uds. commands: bebe, no bebas/(no) beba/(no) beban
Participles: bebiendo, bebido

vivir
Present indicative: vivo, vives, vive; vivimos, vivís, viven
Present subjunctive: viva, vivas, viva; vivamos, viváis, vivan
Preterite: viví, viviste, vivió; vivimos, vivisteis, vivieron
Imperfect: vivía Imperfect subjunctive: viviera
Future/Conditional: viviré/viviría Present perfect: he vivido
Present perfect subjunctive: haya vivido Pluperfect: había vivido
Pluperfect subjunctive: hubiera vivido
Tú/Ud./Uds. commands: vive, no vivas/(no) viva/(no) vivan
Participles: viviendo, vivido

Vocabulario
Español - Inglés

□ □ □

NOTE: The following vocabulary list is intended only as a reference for this novel. Elementary-level words and those that are similar in form and meaning (cognates) in English and Spanish are not included. Definitions reflect usage within the context of the novel.

A dash (—) represents the main entry word. For example, **busca: en — de** means: **en busca de.**

A

el **abogado, la abogada** lawyer

abrazar *(z → c)* to hug

acabar to end up, to finish
—se to be finished; to run out

acerca de about

acercarse *(c → qu)* to approach

aclarar to clarify

acomodarse to make oneself comfortable

acompañar to accompany

aconsejar to advise

acostumbrado, -a to be used to

actualmente at the present time

acuerdo: de — a according to

acusar to accuse

adentro inside

adivinar to guess

admitir to admit, to allow

adquirir *(i → ie)* to acquire

advertir *(e → ie)* to warn, to give notice

el **afecto** affection

agitado, -a shaken

agradable pleasant

agradecer *(c → zc)* to thank

agrario, -a agrarian, farm

aguantar to (with)stand

al + *inf.* on/upon + *verb* + -ing

alegrarse to be glad

la **alegría** happiness

aliviar to lighten; to relieve

allá: — ella it's her business

el **almacén** warehouse

almacenar to store

alojarse to stay, to lodge

alquilar to rent

alrededor (de) around
los **—es** surroundings

amarillento, -a yellowish

ambos, -as both

la **amenaza** threat
la **amistad** friendship
el **amor** love
andar to walk; to move
el **anfitrión, la anfitriona** host, hostess
ante in front of
antes: lo — posible as soon as possible
anticipar to anticipate; to expect
antiguo, -a ancient, old; former
añadir to add
aparecer *(c → zc)* to appear
la **aparición** apparition
apartarse to move away
aparte aside
apoderarse (de) to seize, to take possession
el **apoyo** help, support
aprobar to approve
aprovechar to enjoy; to take advantage of
apuntar to point
el **arcángel** archangel
el/la **archivista** archivist
el **archivo** archive, file
el **arqueólogo, la arqueóloga** archaeologist
arreglar to arrange
arriba above; up
arriesgar to risk
el **artefacto** artifact
el **artículo** (newspaper) article
asegurar to assure, to reassure
asentir (con la cabeza) to nod
el **asesino, la asesina** murderer
el **asesor, la asesora** consultant, advisor

así so, in this way
asistir to attend
el **asombro** surprise, astonishment
el **asunto** matter, affair
asustar to frighten
atado, -a to be tied up
**atención: llamar la —
(a alguien)** to attract (someone's) attention
atónito, -a astonished
atraer to attract
atrapar to trap, to catch
atreverse (a) to dare (to)
aun even
aunque although
la **autenticidad** authenticity
auténtico, -a authentic
la **autoridad** authority
autorizar to authorize
la **avaricia** greed, avarice
avergonzado, -a embarrassed
averiguar to find out
el **avestruz** ostrich
avisar to warn; to notify

B

bajar(se) to go down, to descend; to lower
bajo under
la **barbaridad** cruelty
bastante *(adv.)* quite, rather; *(adj.)* enough
la **beca** scholarship, grant
bello, -a beautiful
el **benefactor, la benefactora** benefactor
el **beso** kiss
el **bibliotecario, la bibliotecaria** librarian
bienvenido, -a welcome
el **billar** billiards

el **bisabuelo, la bisabuela**
great-grandfather,
great-grandmother

el **bisnieto, la bisnieta**
great-grandson,
great-granddaughter

breve brief, short

la **broma** joke, trick

bromear to joke

bruscamente abruptly

C

la **cafetera** coffee pot

la **caja** box
la — **fuerte** safe,
strongbox

el **cajón** drawer

la **calavera** skull

callarse to be/keep quiet

calmar(se) to calm (down)

cambiar to change

camino: de — along the
way

la **campaña** campaign

el **campo** field; country(side)

la **cancha** field *(sports)*

el **caos** chaos

capaz capable

capturar to capture

la **cárcel** jail

el **cargo** charge, accusation

el **cariño** love, affection

la **carrera** race; career

casar to marry

el **caso** case
hacer — a to pay
attention to

castigar to punish

la **celda** jail cell

la **cerámica** ceramics; pottery

cercano, -a nearby, close
(by)

el **chisme** gossip

cierto, -a certain, true; sure

la **cita** date, appointment

claro, -a clear

la **clave** key *(fig.)*

el **cliente, la clienta** client,
customer

el/la **cobarde** coward

el **códice** codex

el/la **coleccionista** collector

el/la **colega** colleague

el **colegio** elementary school

colgar *(o → ue)* to hang (up)

el/la **comandante** commander;
commanding officer

comenzar *(e → ie)* to begin

el **comercio** business, trade

cometer to commit

el **comité** committee

como as; like; since

el **compañero, la compañera**
classmate; colleague;
friend

compartir to share

compensar to compensate,
to reward

complicar(se) *(c → qu)* to
complicate

el/la **cómplice** accomplice

el **comportamiento** behavior

la **compra** purchase

comprometido, -a engaged

el **compromiso** commitment

la **condición** circumstance

conducir to lead

confesar *(e → ie)* to
confess

la **confianza** confidence, trust

confiar (en) to trust; to feel
confident; to confide
(in)

confundido, -a confused

conmoverse *(o → ue)* to be
moved/affected

el consejo advice
consentir (en) *(e → ie)* to consent, to agree to
conservar to preserve, to save
consistir (en) to consist (of)
conspirar to conspire
la consternación consternation
el/la cónsul consul
el consulado consulate
contar *(o → ue)* to tell; to count
— con to count on
contener *(e → ie)* to contain
el contenido content(s)
contento, -a contented
contrario, -a opposite
contribuir to contribute
convencer *(c → z)* to convince
convenir *(e → ie)* to agree, to suit
convertir *(e → ie)* to change, to make (into)
—se (en) to become
convocar to call together
el corazón heart
el corredor, la corredora runner
corresponder to repay
cortesía: — de la casa on the house (free)
la cosecha harvest
la costumbre custom, habit
la creencia belief
el crimen crime
la crítica criticism
la cualidad quality
cualquier any
cubrir to cover

cuenta: por su — on one's own
el cuento story
el cuerpo body, corps
cuidado: tener — to be careful
cuidar to take care (of)
la culpa fault, blame
culpar to blame
curiosear to pry, to snoop about

D

el daño damage, harm
dar: —se cuenta de to realize, to be aware
—se vuelta to turn around
los datos facts, data
de: — hecho actually, in fact
— parte de on behalf of
— todas formas anyway
deber should, must; to owe
el — duty
débil weak
decepcionado, -a disappointed
dejar to leave (behind)
—se to let oneself
delgado, -a slender, thin
delicado, -a delicate
los demás the rest
demasiado, -a *(adj.)* too much, too many
demasiado *(adv.)* too (much)
demostrar *(o → ue)* to show, to demonstrate
dentro (de) inside (of), within
denunciar to denounce
deprimido, -a depressed

el **derecho** right
derribar to overthrow
derrocar *(c → qu)* to bring down, to overthrow
derrotar to defeat
desagradable unpleasant
desaparecer to disappear
desatar(se) to untie
descolgar *(o → ue)* to pick up (the phone)
la **desconfianza** distrust
descontento, -a unhappy
descubrir to discover
el **descuido** carelessness, negligence
desde (que) since, from
desenterrar *(e → ie)* to dig up
desesperadamente desperately
desilusionado, -a disillusioned
el **desliz** slip, mistake
la **despedida** farewell
despedir *(e → i)* to dismiss; to fire (an employee)
—**se** to say good-by
despierto, -a *(fig.)* bright
destruir to destroy
el **detalle** detail
detener *(e → ie)* to arrest, to detain
el **diario** diary; newspaper
el **dictador, la dictadora** dictator
dictar to order, to pronounce
la **diligencia** stagecoach
el **diputado, la diputada** government/state representative
dirigirse to go (to), to speak (to)

la **discreción** discretion
disculparse to apologize
el **discurso** speech
la **discusión** argument; discussion
el **disfraz** disguise
disgustado, -a annoyed
disgustar to annoy
el **disparo** shot
disponer to have available
distancia: a larga — long-distance
distinguido, -a distinguished
distinto, -a different
diverso, -a diverse, different
el **documento** document
el **dominio** control
don, doña Mr., Mrs./Madam (title of respect)
dudar to doubt; to hesitate
el **dueño, la dueña** owner
duro, -a hard

E

la **ecología** ecology
económico, -a economical; financial; inexpensive
el **edificio** building
efectivamente in fact
efecto: en — indeed
la **eficacia** efficiency
ejercer to exercise
el **ejército** army
elegir *(e → i) (g → j)* to elect
emocionante exciting; moving
la **emoción** emotion; excitement
empeorar to get worse

el **empleado, la empleada** employee
emplear to hire; to use
enamorado, -a in love
encabezado, -a headed, led
encargarse (de) to take charge (of)
encima over, above, on top
encontrar *(o → ue)* to find
—**se** to meet
el **encuentro** meeting
el **enemigo, la enemiga** enemy
enfadarse to become angry
enforzar *(o → ue)* to enforce
enfrentar(se) to face, to confront
enfriar to cool
enojado, -a angry
enorgullecerse *(c → zc)* to be proud (of)
entablar to establish; to start
enterrar *(e → ie)* to bury
entrar to enter
entreabierto, -a half-open
entregar *(g → gu)* to hand over, to deliver
el **entrenamiento** training
la **entrevista** interview
entusiasmado, -a enthusiastic, excited
entusiasmarse to get excited (about)
la **época** era, time
equivocarse *(c → qu)* to be mistaken; to make a mistake
la **escalera** stairway; stairs
el **escándalo** scandal
escrito, -a: — a mano handwritten

la **especie** kind, type
la **esperanza** hope
esperar to wait; to hope for; to expect
el/la **espía** spy
el **esposo, la esposa** husband, wife
estacionado, -a parked
estadounidense American (from U.S.)
estallar to break out
estimado, -a valued
estimular to stimulate
la **etapa** stage, phase
la **etiqueta** label
evitar to avoid
el **éxito** success
tener — to be successful
la **expectativa** expectation
explicar to explain
explotar to explode
el **extranjero, la extranjera** foreigner
extrañar to miss
extraño, -a strange

F

la **falta** lack
familiar family *(adj.)*; familiar
el/la **familiar** relative
el **fantasma** ghost
favor: a — de in favor of
la **felicidad** happiness
felicitar to congratulate
feliz happy
fiarse to trust
el **fichero** file
fiel faithful, loyal
fijamente fixedly
fijarse to notice; to look
final: al — in the end

firmar to sign
el **fondo** fund
la **forma** way, manner
francamente frankly
la **frase** phrase, sentence
la **fuente** fountain
fuera (de) outside (of)
fuerte strong; loud (voice)
la **fuerza** force
el **funcionario, la funcionaria** (public) official
fundado, -a founded
el **fusilamiento** execution

G

el **ganador, la ganadora** winner
ganar(se) to win; to earn
ganas: tener — de to feel like (doing something)
gastado, -a worn away
el/la **gerente** manager, director
el **gesto** gesture
el **gobierno** government
gozar (z → c) to enjoy
el **grabado** engraving
grave serious, grave
gritar to shout
guardar to keep; to save
el **guerrillero, la guerrillera** guerrilla fighter
la **guerra** war

H

haber to have *(auxiliary verb)*
la **habitación** room
el/la **habitante** inhabitant
el **hacendado, la hacendada** property owner
hacer: — caso (a) to pay attention (to)

— **daño** to hurt, to harm
hacia toward
la **hacienda** ranch
hasta until, up to; even
el **hecho** fact; act, deed; event
de — in fact
heredar to inherit
la **historia** history; story
la **hoja de papel** sheet of paper
el **hombro** shoulder
honrado, -a honorable; honest
horrorizado, -a terrified
el **hostal** inn
el **huaquero, la huaquera** grave/tomb robber

I

ignorar to ignore, to not be aware of
igual equal; the same
ilegalmente illegally
iluminarse to light up
la **imagen** image
imaginar(se) to imagine
implicado, -a implied; implicated
importar to matter
impresionante impressive
el **impuesto** tax
el **impulso** impulse
incluso even
incontrolable uncontrollable
incrédulo, -a incredulous
el/la **indígena** (native) Indian
indignado, -a indignant
inesperado, -a unexpected
inestimable priceless, invaluable
el **informe** report

iniciar to initiate, to start
insinuar to insinuate, to hint at
la **insolencia** insolence
insoportable unbearable
intentar to try, to attempt
interiormente internally, inside
el **intermediario, la intermediaria** intermediary
interrogar to interrogate
interrumpir to interrupt
intervenir to intervene
intimidar to intimidate
íntimo, -a close, intimate
intuir to sense
inútil useless
invertido, -a invested
involucrado, -a involved
irse to leave
irónico, -a ironic
irritado, -a irritated
la **isla** island

J

jamás never
el **jefe, la jefa** boss
el **juego** game
el/la **juez** judge
el **juicio** trial; judgment
junto a next to
juntos, -as together
jurar to pledge
la **justicia** justice

L

el **laberinto** labyrinth
el **lado** side
el **ladrón, la ladrona** thief
la **lágrima** tear
largarse to go away

el **lavadero** washing place (laundry)
el **lector, la lectora** reader
legítimo, -a legitimate
lejos: a lo — far away
el **lema** slogan
lentamente slowly
el **letrero** sign
levantarse to get up; to rise
la **ley** law
liberar to free, to release
libertad: la puesta en — release
libre free
licenciado, -a professional title for a lawyer
listo, -a ready (with *estar*)
la **llamada** phone call
llamar to call
  — a la puerta to knock
llegar: — a ser to become
llenar to fill
llevar to carry, to take; to bring; to wear
  dejarse — to let oneself be carried away
  — + *time* to have been *(time)*
lo: — + *adj.* the + *adj.* + thing
  — que what
localizar to locate
el **locutor, la locutora** TV announcer
lograr to manage
luchar to fight, to struggle
el **lujo** luxury

M

maltratar to mistreat
malvado, -a evil, villainous
mandar to send; to order

manejar to manage, to handle

mano: a — by hand

mantener(se) *(e → ie)* to maintain; to support
　—se alejado, -a to stay away
　—se en forma to stay in shape

la **maravilla** marvel, wonder

marcar *(c → qu)* to dial *(a phone number)*

marcharse to leave, to walk away

el **marido** husband

el **marqués, la marquesa** marquis, marquise

mas but

más: — bien rather

matar to kill

mayor old(er)

medio, -a half

la **melodía** melody

menor: no tener la — idea to not have the least idea

menos: a — que unless

la **mentira** lie

merecer *(c → zc)* to deserve

mero, -a simple, pure

el **mesón** country home; inn

meter to put; to get someone involved (in)
　—se to become involved

la **metrópoli** metropolis

el **miedo** fear
　tener — to be afraid

el **miembro** member

mientras while, during
　— tanto meanwhile

el **milagro** miracle

el **militar** military

el **mimo** mime

misterioso, -a mysterious

el/la **mixteca** Mixtec

modo: de todos —s anyway

molestarse to get annoyed

molesto, -a bothered, annoyed

el **monte** mountain; hill

morir *(o → ue)* to die

mostrar *(o → ue)* to show

mover *(o → ue): — los hilos** to pull strings *(fig.)*

el **movimiento** movement

la **muerte** death

el **mundo** world

N

natal home *(town)*, native *(country)*

naturaleza: por — by nature, naturally

la **necrópolis** necropolis

negar *(e → ie)* to deny; to refuse

el **negocio** business

ni neither, nor; not even

el **nivel** level

nombrado, -a named

la **normalidad** normality

norteamericano, -a North American

notar to note; to notice

nuevamente again

O

oaxaqueño, -a person from Oaxaca

el **objeto** object

la **obra** work (of art)

obtener *(e → ie)* to obtain

ofender to offend

ofrecer *(c → zc)* to offer

olvidar(se) to forget

opinar to think; to give an opinion

la oportunidad opportunity

opuesto, -a: estar — a to be against

la orden command

organizar to organize

orgulloso, -a proud

el origen origin

la oscuridad darkness

P

la palabra word
tomar la — to take the floor, to address

palpitar to beat

la pantalla screen

el pañuelo scarf

el papel paper; role

el paquete package

parecer (c → zc) to seem
¿Qué te parece? what do you think?

la pared wall

la pareja couple

el/la pariente relative

parte: de — de on behalf of

participar to participate

el partidario, la partidaria supporter, follower

el partido (political) party

el pasado past

pasar to pass; to happen; to spend (time); to drop by (with por)
pase lo que pase whatever happens

pasear to go for a walk

el paseo walk, ride; public walkway

el paso step

el patrimonio patrimony

patrocinar to sponsor, to support

pedir (e → i) to ask for, to request

peligroso, -a dangerous

pelo: sin —s en la lengua in an outspoken way

la pelota ball

el pensamiento thought

pensativo, -a thoughtful

la pérdida loss

el/la periodista journalist, reporter

el permiso permission

permitir to permit, to allow

perplejo, -a perplexed, puzzled

pertenecer (a) (c → zc) to belong (to)

la pesadilla nightmare

pesar: a — de in spite of

la piedra stone, rock

la pieza piece (music, art)

la piscina swimming pool

la pista clue; trail; track

la pistola gun

plan: en — práctico on a practical course

planear to plan

la pluma feather

la pobreza poverty

poderoso, -a powerful

el/la policía police officer
la — the police

político, -a political

ponerse + adj. to become

por for; by; through; near; because of
— fin at last, finally
— lo menos at least

el/la porfirista supporter of Porfirio Díaz

posclásico, -a post-classic
posteriormente afterward
el precio price
precolombino, -a
    pre-Columbian
preocuparse to worry
presentar to present; to
    introduce
el preso, la presa prisoner
el préstamo loan
prestar to lend
el pretexto pretext
el principio beginning
    al — at first
    a —s de at the
    beginning of
la prisa rush, hurry
    de— quickly
probar (o → ue) to prove
la procedencia source, origin
proceder to originate; to
    proceed
prometer to promise
la promulgación enactment
la propiedad property
el propietario, la propietaria
    owner
propio, -a own
propósito: a — on
    purpose; by the way
proteger (g → j) to protect
próximo, -a next
el proyecto project, scheme
la prueba proof, evidence
la publicidad publicity
el pueblo town; people
el puesto position, job
punto: el — de vista point
    of view

Q

quedar(se) to stay, to
    remain; to be (located)
    — en + inf. to agree to
    + verb
querer (e → ie) to want; to
    love
querido, -a dear
quitar to take away
quizá(s) maybe, perhaps

R

rápidamente quickly
la rareza rarity
raro, -a strange; rare
el rato while, moment
la razón reason
    tener — to be right
reaccionar to react
la realidad reality
reanudar to renew
rebelde rebellious
el recado message
recién recent(ly)
reciprocar to reciprocate
el reconocimiento
    recognition; gratitude
recordar (o → ue) to
    remember; to remind
el recuerdo memory
recuperar(se) to
    recuperate, to recover
el recurso resource
reflexionar to reflect
registrar to register
reintegrado, -a
    reintegrated
reír(se) (e → i) to laugh
la relación relationship
relacionado, -a (con)
    related to; connected
    with

Vocabulario

125

el	**relámpago** lightning
	relatar to narrate
	remedio: no hay más —
	(que) all (one) can do (is)
el/la	**remitente** sender
	repente: de — suddenly
	repentino, -a sudden
el/la	**representante**
	representative
	requerir *(e → ie)* to require
	resbalar to slip
	rescatar to rescue
el/la	**residente** resident
	resonante resounding
	respecto (a) regarding;
	with respect (to)
el	**respeto** respect, admiration
	respirar to breathe
	responder to respond
la	**respuesta** answer
la	**restricción** restriction
el	**resultado** result
	resultar to result (in), to
	end up, to turn out
	retraso: de — late
la	**reunión** reunion; gathering
	reunirse to meet; to get
	together
	revelar to reveal
	revolucionario, -a
	revolutionary
el	**rey, la reina** king, queen
el	**riesgo** risk
el	**rincón** corner
la	**riqueza** richness, wealth
la	**risa** laugh
el	**ritmo** rhythm
la	**rivalidad** rivalry
	rodear to surround
	romper to break
	rotundamente
	emphatically

| el | **ruido** noise |
| la | **ruina** ruin |

S

la	**sábana** (bed)sheet
	sacar *(c → qu)* to get/take
	out
el	**sacerdote** priest
	sagrado, -a sacred
la	**salida** departure
	salir to leave, to go out
	— bien/mal to turn out
	well/badly
el	**salón** lounge; hall
	saludar to greet
	sano: — y salvo safe and
	sound
el	**sarcasmo** sarcasm
el	**secreto** secret
la	**secundaria** secondary
	(school)
el	**seguidor, la seguidora**
	follower
	seguir *(e → i)* to follow; to
	continue
	— + *present participle*
	to keep on + *verb* + -ing
	según according to
	seguridad: con — for sure
	seguro, -a (with *estar*) sure
	sencillo, -a simple
la	**sensación** sensation, feeling
	sentimental emotional
el	**sentimiento** feeling
	sentir(se) to feel; to regret
la	**señal** signal
la	**seriedad** seriousness
	serio: en — seriously
el	**siglo** century
	significar to mean
	siguiente next, following
	silbador, -a whistling

simpatía: tener — to like
la **simulación** simulation (pretense)
sin: — embargo however
sino but, rather
siquiera: ni — not even
el **sitio** place, site
sobre about; over, on
   el **—** envelope
   — todo especially
sociedad: la alta — high society
el **socio, la socia** colleague
solas: a — alone
el **soldado** soldier
soleado, -a sunny
soler *(o → ue)* to be in the habit of; to usually *(do)*
solicitar to apply for
sólo only, just
solucionar to solve
la **sombra** shade; shadow
el **son** sound
soñar *(o → ue)* to dream
sonreír *(e → i)* to smile
sonriente smiling
la **sonrisa** smile
sorprendente surprising
sorprender to surprise
sospecha: bajo — under suspicion
sospechar to suspect
subir to go up, to climb up
suceder to occur, to happen
sucesivamente successively
sudar to perspire
suelto, -a loose
el **sueño** dream
la **suerte** luck
suficiente enough
sufrir to suffer
sugerir *(e → ie)* to suggest
sumamente extremely

suponer to suppose
supuestamente supposedly
surgir to surge; to arise
el **suspiro** sigh
el **susto** fright

T

tal such
tan only, just
   — sólo only, merely
tardar to take *(time)*; to delay
técnicamente technically
el/la **telefonista** phone operator
el **tema** subject; theme
temblar *(e → ie)* to tremble
temer to fear
tener: — que ver (con) to have to do (with)
la **tentación** temptation
el **testamento** will
tiempo: a — in/on time
la **tierra** earth; land
el **tipo** type, kind; guy
los **titulares** headlines
el **título** title
el **tocador** dressing table
tocar *(c → qu)* to touch
todavía still, yet
la **tontería** foolishness
el **tráfico** traffic, trade
la **traición** betrayal
traicionar to betray
el **traidor, la traidora** traitor
el **trámite** procedure
trampa: tender una — to lay a trap
tranquilo, -a calm, quiet
tras after
el **tratado** treaty
tratar de to try
   se trata de it's about
el **trato** deal, agreement

través: a — de through
triunfar to triumph
tropezar *(e → ie)* to trip
el truco trick
la tumba tomb

U

últimamente lately, recently
último, -a last, final; latest
único, -a only; unique
unir(se) to join
útil useful

V

vacilar to hesitate
vacío, -a empty
valer to be worth
valioso, -a valuable
el valor value; courage
varios, -as various; several; different
la vasija vessel; vase
vencer *(c → z)* to defeat
vencido, -a defeated
la venganza revenge
vengarse **(de)** to take revenge (on)
la venta sale
la ventaja advantage
verse + *adj.* to look + *adj.*
la verdad truth
de — really
la vergüenza shame
verificar *(c → qu)* to verify
la vez time
de — en cuando from time to time
otra — again
tal — perhaps
el viaje trip

vigilar to watch (over)
el vínculo link
violar to violate
el/la visitante visitor
el voluntario, la voluntaria volunteer
volver *(o → ue):* — **a** + *inf.* to do (something) again
—**se** to turn (around)
voz: en — alta aloud
el vuelo flight
vuelta: dar —**s** to go around and around

Y

ya already; anymore; now; soon

Z

el/la zapoteca Zapotec
el zócalo town square